THE MIND IS FLAT

The Illusion of Mental Depth and the Improvised Mind

思考不過是一場即興演出

用行為心理學揭開深層心智的迷思

英國國家學術院院士
NICK CHATER尼克・查特——著

徐嘉妍——譯

獻給我的父母羅伯特（Robert Chater）與多蘿西．查特（Dorothy Chater），妻子露薏．福克斯（Louie Fooks）和女兒瑪雅（Maya Fooks）、凱特琳（Caitlin Fooks），感謝他們不斷支持與奉獻，讓本書得以完成。

【專文推薦】存在就是被覺知

謝伯讓

「存在就是被覺知。」對哲學家柏克萊（George Berkeley）而言，這句話是他對外在世界是否存在的見地。對本書的作者查特（Nick Chater）來說，這句話恰好也是對深層內心世界是否存在的描述。

查特認為，心智淺薄而平坦，我們自以為深刻存在的知覺、情緒、自我、思考、選擇與行動，全都是實不存在的假象。

首先，知覺是平的，因為我們只有當下局部片段的知覺，而大腦幫我們填補拼湊出一幅廣大深刻的假象。

情緒也是平的，因為我們只有簡單的生理激動，而大腦幫我們依據周遭環境的資訊詮釋出喜怒哀樂。

自我亦是平的，因為我們只有記憶，而大腦幫我們串聯起過去與現在，建構出一個看似連續的概念自我。

思考、選擇與行動更是平的，因為我們行動時只會依循先例，而不遵守任何抽象法則。

由此可知，心智是平的，因為構成心智的上述一切成分，全部都毫無深度。

由於心智是平的，人類的想法充滿矛盾、理念互相衝突、行為前後不一。

由於心智是平的，棋藝大師無法說出自己怎麼下棋，運動競技高手無法解釋自己如何獲勝，科學家也無法闡述自己的靈感想法從何而來。

由於心智是平的，試圖抽取人類心智深度規則來建立傳統人工智慧一切努力，全都一敗塗地。

由於心智是平的，不管是市場調查、催眠、精神治療、腦造影等任何方法，都無法找出人類內心深層中一致的動機、欲求或偏好。這些心智成分絕非深不可測，而是根本並不存在。

在這本書中，查特透過各種實驗結果和推論告訴我們，心靈深度只是錯覺：「我們精神『表面』中那些構成意識的瞬間想法，解釋，與感覺經驗，就是精神世界的一切。」我們的心智，就是當下知覺的記憶，剩下的，就只是大腦即興演出的一場詮釋大戲。

哲學家休姆（David Hume）曾說：「除了知覺，我觀察不到任何其他事物。」

讀過此書後，你將能以一種全新的視角看待人類心智。

本文作者為腦科學學家／《大腦簡史》作者

目次

前言：深厚的文學，淺薄的心靈

……我們自認能觀察內心，但其實只是在做某種即興推論；而且因為可茲「觀察」的太少，必須不顧矛盾、大膽臆斷的太多，導致我們的推演極易受騙。

——丹尼爾．丹尼特（Daniel Dennett）[1]

在托爾斯泰（Leo Tolstoy）的小說《安娜．卡列尼娜》（*Anna Karenina*）情節高潮，女主角安娜．卡列尼娜在莫斯科外圍地區的車站，於火車即將駛出時，縱身躍下月台。不過，她真的想尋死嗎？對小說的這個關鍵情節有很多種解釋。也許她厭倦了俄羅斯貴族生活，又害怕失去心上人佛倫斯基（Alexei Kirillovich Vronsky），心力交瘁，死亡似乎是唯一的解脫？或者她只是突然起意，用誇張的舉止表現絕望，機會來臨前根本不曾細想？

這種種問題真會有解答嗎？如果托爾斯泰說安娜是黑髮，她就是黑髮。如果托爾斯泰不解釋安娜為何跳下月台尋死，安娜的動機就是空白一片。我們可以想辦法自己解釋來填補這片空白，爭論哪些解釋比較可信，但是關於安娜真正要什麼，並沒有隱匿在背後的事實。這當然，因為安娜不是真人，是小說虛構的。

但是，假設安娜不是虛構人物，是歷史上真實存在過的人；假設托爾斯泰寫的不是小說，是對真實事件的新聞報導呢？這樣一來，安娜的動機就是歷史問題，不是文學詮釋了。但追尋答案的方法依然不變：還是看同樣一段文字，只是現在文字提供的不再是虛構人物心理狀態的線索（也許是不可靠的線索），而是真實人物的線索。提出不同解釋互相辯駁的，不再是文評、學者，而是律師、記者、歷史學家。

現在，想像一下我們問問安娜本人。假設托爾斯泰寫的不是小說，是真實事件的紀錄，不過火車及時煞車，安娜身受重傷，被匿名送往莫斯科的醫院。安娜克服許多困難康復後，決定銷聲匿跡，逃避過去。我們好不容易找到她，發現她在瑞士的療養院休養。安娜可能像其他人一樣，不確定自己當初尋死真正的動機是什麼。說到底，她也需要詮釋自己的行為，也就是根據自己的記憶（而非托爾斯泰的手稿），想辦法拼湊出一個說法。即便安娜想辦法給出明確的說法，我們可能會覺得她的詮釋也沒比其他人的說法更有說服力。當然，安娜有些其他人沒有的「資料」，例如她可能記得，邁向決定命運的月台邊緣時，腦海裡迴盪著令人絕望的字句：「佛倫斯基走了，再也不會回來了。」由於人對自我的知覺難免偏頗，這些回憶也許算不上什麼優勢。我們詮釋自己的行為時，似乎都會把自己想得更有智慧、更高貴，但客觀的旁觀者可能不這麼認為。所以讀自傳時還是有所保留比較好。

如果不是在事後，而是在事情發生當下詢問安娜，得到的答案會更接近真正的動機嗎？假設有位莫斯科八卦報的記者，因為發現有故事可寫，暗地監視安娜的一舉一動。這位記者跳下月台救了安娜一命，然後忙不迭掏出記事本、揮著筆桿問：「好了，安娜小姐，請告訴我妳為什麼要輕生？」說得委婉些，這方法似乎不太可能問出答案。即使小心翼翼地改問：「安娜小姐，我發現妳好像想跳下月台自殺。能不能耽誤妳一點時間，填寫這份簡短的問卷？」八成也問不出個所以然。

由此可以產生兩種對立的推論，一個是人心幽暗、深不可測。從這個觀點來看，很難期望人可以探索內心，對自己的信念與動機，給出完整真確的解釋。無論旁觀者或當事人，不管是在事前、當下或事後，對自身行為的解釋往往既不完整也不可靠。

因此，根據這個「深層心智」的觀點，想知道人類行為背後真正的動機，不能只是莽撞地直接開口問，而必須敏銳、巧妙地用某種方式，潛入藏在心靈深處的世界，設法直接測量那些控制我們一舉一動，卻只能隱約察覺的力量，包括潛藏的信念、欲求、動機、恐懼、疑惑、希望。至於什麼方法最能探查人心深處的動機，心理學家、精神分析師、神經科學家長期以來一直爭論不休。字彙聯想測驗、夢境解析、數小時密集的心理治療、行為學試驗、生理紀錄、腦部造影，在過去一百多年來，都是頗熱門的方式。不管是哪一種方法，目標都很明確，就是要找出在意識的心智「表層」之下，潛伏的感覺、動機、信念，簡單來說，就是要記錄深層的內心世界。然而，深奧的內心世界似乎一直難以捉摸。佛洛伊德學派的精神分析師會揣測潛藏的恐懼與欲望；心理學家與神經科學家則希望根據行為、心跳、膚電反應、瞳孔放大、腦血流速度，歸納出模糊且十分迂迴的結論。但實際上，從沒有人真正觀測到潛藏的信念、欲求、希望、恐懼。也許我們內心潛藏的宇宙，就和外太空的宇宙一樣神祕，甚至有過之而無不及。要探索內心的宇宙，需要更多細緻精巧的分析工具與方法。從這個「內在世界」的觀點，雖然我們目前還無法揭開人心潛藏的奧祕，但應該鍥而不捨努力下去。

然而我在本書想提出一個截然不同的觀點：想描繪深層心智的一切，不僅實際上很難做到，而且這個想法本身就有問題；認為我們的心中潛藏著幽深的世界，這觀念本身就大錯特錯。思考安娜・卡列尼娜自盡的行為後，我們應該領會出截然不同的寓意：詮釋真實人物的內心動機，就像詮釋虛構人物的內心動機一樣，兩者並無二致。虛構人物當然不會有內心世界，因為他們根本不曾存在於世界上。說虛構的安娜・卡列尼娜潛意識裡怕狗、懷疑沙皇政權不穩、喜歡巴哈勝過莫扎特，就像說她出生在星期二一樣，都不是客觀真相。虛構人物並沒有不為人知的事實，在頁面文字的「表象」之下，其實什麼也沒有。

但是即使托爾斯泰寫的不是小說而是報導文學，即使安娜・卡列尼娜是會呼吸、活生生的十九世紀俄國貴族，情況也差不多。當然，這樣一來，安娜是不是在星期二出生就是可以證明的客觀真相（無論我們能否得知）。但是我認為，即使安娜是真人，她的行為動機還是像虛構的安娜一樣，沒有真確的事實。不管做了多少心理治療、夢境解析、詞彙聯想、心理試驗、腦部掃描，都無法找出一個人「真正的動機」。不是因為真正的動機**很難**探求，而是因為**根本**沒有所謂真正的動機。深層心智難以探索，並非由於我們內心幽深陰微，而是因為我們根本沒有深層的心智。

人的內在心靈世界，以及其中的信念、動機和恐懼，本身就是想像力的產物。我們從一連串的經驗中創造出對自己和他人的解讀，正如同從連篇文字中編造出對虛構人物的解讀。不管怎麼解讀，永遠有另一種說法。也許安娜走投無路是因為社會地位一落千丈、擔心兒子的未來、覺得貴族生活毫無意義，而不是因為愛情而心力交瘁。儘管有些詮釋比較有說服力、比較符合托爾斯泰的描述，但我們無法確定這些詮釋是否就是事實。即便托爾斯泰寫的是真人實事，他對真人安娜行為的解釋也只不過是一種詮釋；而安娜不論在行為當下，或在事後幾個月回顧，也只能試著對自己的行為提出另一種詮釋。我們在解釋自身行為時從來無法下定論——我們對自身行為的詮釋就和其他人的詮釋一樣片面、混亂、有待商榷。

托爾斯泰的小說行文讀起來像來自另一個世界的簡略敘述。托爾斯泰原本也可以描寫安娜的童年，安娜去世對她兒子造成的打擊，或佛倫斯基（可能）就此出世隱修，這些都得靠托爾斯泰執筆創造。托爾斯泰揮灑筆墨時，並非在**探索**安娜與周遭人的人生，而是在**創造**這些人的人生。

然而，人生的推展與小說的推展，其實並無太大的不同。我們的信念、價值、行動是在當下產生，而非事前計算、預先「寫入」某個龐大無比的記憶體裡，以備不時之需。這表示我們心中並未事先存在一個思想世界，從中生出各種想法。想法就像小說，創造出來的那一刻才成立，在此之前並不存在。

「探索」自己心靈的想法本身有個問題：這樣說好像我們具有某種構造，可以用來內省、審視自己的內在世界，就像可以透過知覺構造來了解外在世界[2]。但內省的過程並不是**知覺**，而是**創造**：即時提出詮釋或解讀，好讓自己說的話、做的事有道理。內在世界是一座海市蜃樓。

在小說裡，有些角色很「平板」，有些則似乎很立體、很有「深度」，能激起栩栩如生的想像，感覺像我們認識的人一樣真實，甚至更加真實，我們可能還會賦予這些角色一些文字沒提到的態度或信念。然而，這種深層內涵看起來真實，卻只存在「讀者的想像」中：除了托爾斯泰筆下所寫，安娜的生平沒有一項是真的，沒有潛藏在字裡行間的動機。小說人物如此，真實人物亦然。有人覺得行為只是表面，表層之下是深不可測、廣袤無邊的海洋，蘊藏了各種動機、信念、欲求，只能隱約感受到它們的力量。然而這種感覺只是大腦玩的騙人把戲；事實上，我們不是內心空洞，也不是膚淺，而是表層就是我們所有的一切。

人通常會根據常識，從信念、欲求、希望、恐懼的角度來解釋自己和他人的行為，我們總忍不住覺得這些想法儘管細節可能有誤，但整體精神是對的，這種觀點對心理學家特別有吸引力。我們可能認為安娜是因為某些信念、欲求、希望、恐懼才輕生，雖然安娜自己也說不清楚，這是因為她的內省做得不夠徹底，不然就是不太可靠。但是這種對心智的常見觀點問題很大。要說人類歷史上哪個人曾經受內在信念或欲望趨使，就像說這個人曾被邪靈附身或由守護天使保護一樣。「內在世界」的信念、動機，以及其他想像力的產物，完全都是向壁虛構，這些用來解釋自己和別人行為的說法不單只是細節有誤，而且徹頭徹尾都是憑空編造。

我們的思緒，包括對自己和別人行為的解釋，非但不是對一連串內心活動的如實陳述，甚至連推測都稱不上，而是當下即時的創作。心智會不斷詮釋、證明、解釋自己的行為，就像我們解釋周遭人或小說人物的行為。如果你盤問我或其他讀者安娜的動機（問：「她知道跳下火車月台一定會死？」答：「知道。」問：「她覺得兒子沒有她會更好？」答：「有可能，但她這樣想就大錯特錯了。」等等），我很快就可以回答。所以我們顯然有**能力**編造合理的說法，但當然不能用這些說法來推測安娜的心理狀態，因為安娜是虛構人物，根本**不可能有**心理狀態。

如果安娜是真實人物，而且大難不死，我們可以去瑞士療養院裡用同樣的問題盤問她，她也可以答得很快。而且，同樣地，如果你問我日常生活中一般的問題（例如，我為什麼搭火車去倫敦，不開車去），我可以給你一串解釋（減少碳排放、避免交通擁堵、停車問題等等）。我們的大腦編造功力一流，這表示真人安娜或許能運用創造力，回顧過去，詮釋、合理化自己的想法與行為，她這種創造力就和我們（根據托爾斯泰的創作）進一步想像小說人物安娜時運用的創造力一樣，沒什麼不同。這表示我們對自己或別人解釋日常生活時，或許也運用了一樣的創造力。

在本書中，我想說服讀者，心智是平的，心靈深度是一種錯覺。心智其實很擅長即興表演，先創造出行為，再創造出信念與欲求來解釋這些行為，而且做起來行雲流水。然而，這些當下的創造其實相當薄弱、片段，又自相矛盾，就像電影的場景，透過攝影機看起來很像一回事，但其實都是紙板搭起來的。

如果心智是即興發揮，又沒有穩定的信念與欲求約束，似乎不免會陷入混亂。但我認為情況正好相反：心智即興發揮就是為了讓思考和行為盡可能一以貫之，符合我們的個性。因此，大腦必須不斷努力讓當下的想法與行為與過去一致。我們就像法官，參考不斷增加的過去案例，再重新詮釋，為新的案件下判決。所以心智的祕密不在於所謂深層的內在，而在於非常善於運用創意，參考過去的主旋律，即興揮灑出當下。

本書論點分為兩部分。首先，我想消除大眾對心智運作方式的基本誤解，然後提出各種支持的論據，說明大腦如何不斷隨機應變。具體來說，第一部將探討心理學方面的證據，說明信念、欲求、希望、恐懼這些說法純屬虛構，只是因為很有說服力，而且大腦能輕而易舉、毫不費力地編造出來，讓人誤以為真。我們以為了解自己的心智，但這些了解幾乎都是錯的，心智並不是心理學教科書講的那樣，說一般看法大方向沒錯，只需要稍加修改、調整、填補。實際上這些修改與調整似乎一點用也沒有。對心智的日常看法，似乎與實驗發現的心智對不起來。這種一般看法根本不該修補，應該完全拋棄。

雖然教科書沒有採取這種極端的作法，但是愈來愈多哲學家、心理學家、神經科學家已經改弦易轍[3]。我會在本書第一部指出，一般看法的問題根源就是：心靈深度是一種錯覺。

我們以為對應於外在的人群、萬物、星辰、喧囂，自己有個感覺經驗（對人群、萬物、星辰、喧囂的主觀經驗）豐富的內在世界，當然還有各式各樣的情緒、喜好、動機、希望、恐懼、回憶、信念。我們很有可能探索這個內在世界[4]，只要密切注意自己的所見所聞、身體狀態，似乎就能發現內在的知覺世界無比豐饒；只要跨出直接的感覺經驗，似乎就能走入夢境、冥想、催眠應許的想像王國。或者，我們可以探索龐大的記憶，也許可以重拾童年或學生生活的片段，或無止盡地和自己的信念與價值觀對話。

還有很多人認為內在世界不僅如此，應該再加入不知不覺進入腦海的無意識知覺；而且還有無意識的信念、動機、欲求，甚至無意識的內在自我（佛洛伊德〔Sigmund Freud〕說的本我、自我、超我，榮格〔C. G. Jung〕說的集體無意識）。也許還有一個，甚至多個自我概念，或者還有靈魂。許多人認為透過正確的冥想練習、心理治療，甚至幻覺藥物，就能打開無意識豐富內心世界的大門。神經科學方面，科學家很自然地想像有一天我們可以在大腦掃描儀上觀察到內在世界，用儀器「讀取」自己意識及無意識層面的信念、動機、感受。

然而，這些有待探索，深奧、豐饒、無盡廣袤的內在世界，完全是假象。根本就沒有內在世界。我們不停流動的瞬息意識經驗不是思維之海熠熠發光的表面——意識經驗就是**思維的一切**。我們之後也會談到，每個瞬息的經驗都極其簡略——我們每一刻都只能認出一張臉，讀出一個詞，辨識一件物體。就像想像中的安娜在瑞士療養時描述自己自盡的動機一樣，我們在描述自己的感受或解釋行為時，並不是在探索原本就存在的思維、感覺內在世界，只是在一步步編造故事。同樣地，「內在世界」荒誕古怪的夢境、神祕的精神狀態、藥物引發的幻覺，也不是踏上的探索內在之旅，只是想像力的產物。對夢境的解讀，也完全不是對心靈的深入解析，而只是一連串的創作。

本書第一部希望重新詮釋我們對心智本質的直覺看法，並消除哲學、心理學、精神分析、人工智慧、神經科學等領域一再重複甚至強化的錯誤觀念。但如果對心智的這種直覺看法大錯特錯（內在是一片深邃豐饒的海洋，意識思維只是這片海洋閃耀的海面），接下來當然就要問：對人類的思想與行為是否有其他的解釋？

本書第二部就要討論這個問題。如果心智是平的，那麼我們的精神活動必定完全存在於「心智的表層」。大腦會即興發揮，而且以過去的即興創作為基礎，進行當下的即興創作。大腦並非依賴隱藏在內心的知識、信念、動機，而是仰賴**過去片刻的想法與經驗留下的記憶痕跡**，來創造新的片刻想法與經驗。

與小說類比也有助理解。托爾斯泰寫小說時創造出安娜的一言一行，同時盡可能讓這些言行前後一致，以符合角色人物的個性，或者隨著小說的推展，逐漸「發展」出個性。我們解釋他人與自己的行為時，目標也一樣，好的解釋不僅要在當下合理，而且還要與過去的行為、話語、解釋相聯繫。大腦並非借助深層的內心做出詮釋，而是藉由連結過去與現在，在當下有意識地做出解讀，就像寫小說並非創造出整個世界，而是讓前後文有條理地貫串在一起。

因此，意識經驗是思考週期的一連串**輸出結果**，關注知覺世界的各個面向，也對知覺世界的各個面向賦予意義。也就是說，我們對大腦所創造的世界，有意識地感受到具有意義的解讀（看到文字、物體、臉孔，聽到聲音、曲調、警笛）。但是，我們無法意識到思考步驟的**資訊輸入**，或思考在**內心如何運作**，所以無法解釋自己為什麼會把突出的岩石看成一群狗，從稍縱即逝的表情中解讀出高傲或仁慈，讓一行詩喚起人生苦短的感覺或回憶起自己的童年。思考週期讓人有意識地感受到這些解讀，但卻不知道這些解讀從何而來。

我在全書中會透過視知覺的例子說明論點。知覺的例子生動而具體，而且是心理學和神經科學迄今了解最透徹的領域。我之所以特別關注知覺領域，除了相關證據最清楚、最容易解釋外，還有一個原因，那就是人的整體思維，不管是下棋、抽象數學推理、藝術文學創作，實際上都只不過是知覺的延伸。

我們會看到思考週期如何運作，並點出重要的支持證據。我們以為人有穩定的個性、信念與動機，但如果詳加分析，這種想法肯定是錯的。相較之下，一旦我們了解大腦非常擅長即興創造，會自動自發尋找最適合當下的意義、選擇最適合的行動，那麼人的古怪難解、反覆無常、見異思遷就說得通了。因此，現在的思想和行動，是建立在過去思想行為豐富的傳統上，大腦會改造過去的思想和行動並加以運用，以應付當下的挑戰。而且，正如同今天的思想會依循昨天的先例，今天的思想也會成為明天的先例，賦予行動、言語、生活一致的面貌。所以，人之所以與眾不同，主要是因為個人過去的想法與經驗都是獨一無二的。換句話說，每個人都承襲了自己獨特的過去，並繼續不斷創造。

隨著討論推展，我們會看到人確確實實是自己創造的角色，而不是無意識的玩物。而且，儘管每個新的知覺、動作、思想都建立在過去個人獨特的知覺、動作、思想上，我們依然能以無拘無束、充滿創意的方式，從舊有的思想中創新。當下的想法可能囿於過去的思考模式，但這並非必然——人的智慧賦予我們奧妙的能力，能將思想由舊中翻新。這種自由與創造力並不需要罕見的天賦，也不仰賴偶爾的靈光乍現；這就是大腦基本運作的基礎，就是我們感知、做夢、說話的方式。

當然，我們的隨心所欲有其限度，吹薩克斯風當興趣的人不能「隨心所欲地」像大師查理・帕克（Charlie Parker）那樣演奏，剛學英文的人無法自然而然模仿女詩人雪維亞・普拉絲（Sylvia Plath），物理系學生也沒辦法自然而然像愛因斯坦那樣思考。有過去深厚的心智資產，才可能發展出新的行動、技巧或思想；也唯有投入數千個小時的雕鑿才能培育專業，無法取巧。每個人過去的資產都是獨一無二的，透過數千個小時的雕鑿，每個人刻畫出的思想與行動路徑都各不相同，新的想法和行動也從中誕生。所以每個人演奏、寫作、思考都有自己的方式，儘管有時有很大的彈性（音樂家和詩人可以互相模仿，物理系學生也會學習照牛頓的方式去推論）。日常生活也一樣——我們會恐懼、憂慮，和其他人來往有時不太順利。我們無法彈指間就神奇地改頭換面，但可以一步步重塑自己的思想和行為：目前的想法和行動會慢慢不斷地改造心靈。

本書取材廣泛，從認知、社會、臨床心理學，到哲學和神經科學，不一而足。對我而言，最根本的靈感或許來自於將大腦看成一種生物計算機。自第二次世界大戰以來，科學家一直在思考龐大的生物神經元網路如何組成強大的計算機器。這種「聯結論」模型（connectionist model）或稱大腦型的計算模型，運作方式與徹底改變了人類生活的傳統數位電腦非常不同，但是這種聯結論的計算模型，早在用以發展會學習的智慧機器之前，就已經以「深層神經網路」的形式席捲了各個領域。

根據聯結論模型，大腦運作是透過大量神經元之間的「合作」，拼湊、調整訊息片段，就像同時把許多片拼圖一起拼接到位。但這種大腦機制的觀點，與平常認為心智運作由信念與欲求引導的直觀看法非常不同，要調和這兩種觀點非常困難。常識心理學（common-sense psychology）會徵召信念、動機、希望和恐懼來解釋行為，試圖安排出一個合理的論點。因此，為什麼我會走去店裡想買報紙，但結果沒買成，平常的解釋可能涉及信念（店有開、這家店賣我喜歡的報紙、我身上帶了錢）與欲求（想讀這家報紙、喜歡讀紙本報紙不喜歡讀網路報）。因為這樣的解釋讓我的行為感覺滿合理的，可以說明我的行為儘管沒有得到想要的結果，不過是有道理可循的，因此這解釋聽起來也就言之成理了。論點就像數學證明題一樣逐步形成（我想買一份《西方軍號》〔*The Western Bugle*〕；我可以在網路上看，但不想一直盯著螢幕；轉角那家店應該有賣吧；現在那家店應該開了；喔，我需要一些現金，還好我剛剛去了銀行……如此這般）。我們帶入假設，得出結論，加入更多的假設，得出進一步的結論……如此這般。但是這種循序漸進的思考方式，和辨認人臉、物體、音樂風格時可能需要同時合作處理多項條件的運作方式，很難互相調和。事實上，為什麼我看到一個卡通人物會認為畫的是邱吉爾（Winston Churchill），從一段旋律聽出摩城音樂風格，瞥見水中的形體就覺得是海豹或尼斯湖水怪，也無法提出令人信服的「解釋」。簡而言之，常識心理學認為我們基於推理而產生想法與行為，但許多人類智慧行為的重點似乎是看出複雜的模式。

合作聯結計算論似乎不僅與常識心理學基於推理的解釋衝突，也很難與其他涉及人類思想的科學理論調和，包括人工智慧，認知、發展、臨床心理學、語言學、行為經濟學等等，這些理論都從對心智的一般看法出發，認為心智中腦中包含了信念、欲求等等。因此，認為大腦是以計算方式運作，可能嚴重影響、破壞這些一般看法。然而，我研究心智的計算與數學模型三十年，測量、收集了許多實驗數據後，不得不承認我們對自己心智的直觀概念，以及建立在這個概念之上的許多心智科學理論，有根本的缺陷。

把眼界放寬，也許這點並不令人意外。科學史上驚奇的發現向來迭出不窮，像是地球繞著太陽轉動、組成地球的化學元素來自垂死的恆星、物質可以變成能源、生命密碼寫在化學物質的雙股螺旋中，以及我們的遠祖是單細胞生物等等。思想是數千億神經細胞電子化學活動的產物，這個想法本身就非常特別，值得探討。我會在本書提出證據，我們對心智運作自以為所知的一切，那些不假思索的內省、合理化、解釋，幾乎都應該徹底拋棄。

懷疑一般人對心智的一般看法，已有豐富的傳統。從史金納（B. F. Skinner）到丹尼爾．丹尼特，許多心理學家和哲學家對人省思內在想法或知覺的能力，向來抱持懷疑；許多人認為，我們用來合理化自己想法與行為的信念、動機、希望、欲求，其真實程度或許與伊甸園、希波克拉底的人體四種體液、占星術原則等相去不遠。

過去這些懷疑心智日常看法的人當中，有些抱持一種非常不同的考量，例如認為大腦不可能是計算機[5]。對此我一直非常疑惑，大腦的功能無疑是從知覺及記憶中整合資訊，了解現實狀況，並決定如何行動。簡言之，大腦必須處理非常複雜的訊息，而「訊息處理」實際上只是計算的另一個名稱。我在本書中會將大腦視為一台生物計算機，不另行爭議。

相較之下，把大腦計算相當直接地與信念、欲求等常識心理學解釋畫上等號，這種觀點才有爭議。這個觀點自一九五〇年代早期的心智計算模型出現時，就十分流行。如果我們腦中真的有個資料庫，裡頭包含了日常生活討論的各種信念、欲求、希望和恐懼，那事情就簡單了。如果我們可以**直接問**人知道些什麼，然後把這些知識直接寫到電腦資料庫中，打造智慧機器就可以一帆風順了。**如果這個論點正確**，如果我們對自己如何思考的想法大致沒錯，那認知科學和人工智慧的發展可就容易了。

問題是常識心理學看法**並不正確**。我們會看到，心理學實驗、大腦的「神經線路分布」，以及由大腦合作計算模型啟發的現代機器學習與人工智慧處理機制，透露出的情況迥然不同。我們體內的「計算構造」不是一片激盪著有意識或無意識經驗、感覺、信念、欲求、希望、恐懼的汪洋。大腦自己編造理由，解釋思考如何運作：由動機、信念、道德規範、宗教戒律所驅動。這些解釋非常有說服力，讓人信以為真，或覺得起碼部分是真的，再不濟，至少大方向是對的。

但實際上，我們以為自己不時「造訪」的豐富心靈世界，是自己一點一滴創造出來的。安娜．卡列尼娜如果是真人，她的內心世界也不會比小說虛構的安娜．卡列尼娜更真實。如此一來，想探索真人安娜的大腦，找出她「內心的感受」、「深層的信念」或「真實的天性」，就像對托爾斯泰手稿的筆墨紙張進行科學分析，希望找出虛構安娜的內心世界一樣，都是不可能的。

★★★

由於幾個原因，我掙扎了很久，很難接受這個令人不安的真相。首先是一些心理學方面的數據太不尋常，令人難以置信。例如，心理學數據表明我的大腦一次只能認出一個詞；但我看著面前的文字，強烈感覺即使有點模糊，但還是可以同時看到整個段落的文字。實驗數據表明我大致上**一次可以辨認出一個物體**，但我環顧四周，覺得自己看到滿房間的沙發、靠墊、書本、眼鏡、植物、紙張。各種違反直覺的實驗結果與大腦的怪現象顯示出，這背後的解釋實在太奇特，讓人很容易覺得應該是哪裡搞錯了。我們對心智本身與心智運作方式會有這麼離譜的直覺看法，表示我們很可能受制於一種鋪天蓋地、無所不在的錯覺。如今，我儘管遲疑，還是不得不下這樣的結論：我們對心智的所有看法，幾乎都是大腦設下的騙局。我們之後會討論這個騙局怎麼設，又為什麼讓人這麼容易上當。

我過去一直抗拒本書極端觀點的第二個原因，是因為這個觀點不僅與常識衝突，而且也和知覺、推理、分類、決策等理論衝突，這些都是心理學、認知科學、人工智慧、語言學、行為經濟學中的核心概念。這些學門中有太多精密複雜的理論，都來自延伸、調整、發揚前述的心智直覺觀念——而這套直覺觀念卻是建立在錯覺的基礎上。我投入這些學科甚深，要揚棄這麼大一部分的觀念，感覺太糟蹋了。

我過去一直無法放棄對心智的一般看法，最後一個原因就是缺乏其他可信的解釋。然而，看到模仿人腦的計算與機器學習取得廣泛的進展，我認為可信解釋的輪廓正逐漸浮現[6]。研究人員逐漸發現，要讓電腦展現智慧行為，最好的方法不是嘗試擷取人類自以為仰賴的知識及信念；設計可以從經驗中學習的電腦其實更有效。舉例來說，想編寫電腦程式下出一流的雙陸棋、西洋棋或圍棋，把人類高手自認運用的知識、策略、獨到的想法編寫到程式裡其實毫無幫助；反而是由下而上、透過大量實戰再從經驗中學習，成果要好得多。而且實際上，在這些棋戲及許多其他遊戲方面，機器學習程式現在已經能擊敗頂尖的人類好手。

寫這本書的經驗儘管有點令人不安，但很愉快。我目前在華威商學院（Warwick Business School）的行為科學小組做研究，主要探討心智的幾種特定面向，從推理到決策，從知覺到語言，同時也在決策科技公司（Decision Technology Ltd）和同事一起從事各種實務取向的行為科學研究。不管在學術界和實務界，小心謹慎、不要往陌生領域走太遠總是有好處。但這本書的做法徹底相反：我把謹慎拋在腦後，想告訴你關於心智運作最引人入勝的故事。其實，我不只想告訴諸位讀者這個故事，也想告訴自己這個故事：把眼界從日常生活中的觀察、數據和理論拼湊中拉高，問一問「這一切有什麼含意？」我需要連結零散的觀察，從特殊案例外推到普遍的概念，還得加入一些大膽的推斷。綜合了心理學、哲學、神經科學一百多年來的資料與深刻見解，所得的景象古怪、大膽，卻也能解開束縛、讓人自由。儘管許多領域仍然「以不變應萬變」，但我認為這個觀點過去數十年來已在許多認知與腦科學的領域中聚集起來。以不變應萬變是行不通的，如果認真看待心智與大腦的科學發現，就不得不重新思考我們自以為所知的一切。我們必須全面省思心理學、神經科學與社會科學的大部分內容，也需要徹底改變對自己和周遭人的看法。

我寫作本書時得到許多幫助。我的想法得力於數十年來與麥克・奧克斯弗（Mike

Oaksford）、莫騰·克思琛（Morten Christiansen）的對話，及多年來與約翰·安德森（John Anderson）、戈登·布朗（Gordon Brown）、烏里克·哈恩（Ulrike Hahn）、傑夫·辛頓（Geoff Hinton）、李查·霍頓（Richard Holton）、喬治·羅文斯坦（George Loewenstein）、傑伊·麥克蘭德（Jay McClelland）、亞當·桑伯（Adam Sanborn）、傑瑞·塞利格曼（Jerry Seligman）、尼爾·斯圖爾特（Neil Stewart）、喬許·坦能邦（Josh Tenenbaum）、詹姆斯·崔西連（James Tresilian）及諸多好友同事的討論。本書撰寫蒙歐盟研究理事會（ERC，專案編號295917，獲獎研究縮寫為RATIONALITY），英國經濟與社會研究委員會（ESRC）整合行為科學網路（獎金編號ES/K002201/1）、萊佛休基金會（Leverhulme Trust，獎金編號RP2012-V-022）慷慨財務支持。行為科學小組和華威商學院的同事為這樣一本東拉西扯、充滿臆測的作品創造絕佳的腦力激盪環境，華威大學的跨學科與創新精神也帶給我啟發。菲莉西特·布萊恩公司（Felicity Bryan Associates）的經紀人凱瑟琳·克拉克（Catherine Clarke）和企鵝出版社編輯艾歷西·克什邦（Alexis Kirshbaum）與蘿拉·思蒂妮（Laura Stickney）給我許多獨到的見解、建議、鼓勵，使本書受益匪淺。感謝我的妻子露薏·福克斯（Louie Fooks）和女兒瑪雅（Maya Fooks）、凱特琳（Caitlin Fooks），在本書令人不安、漫長的醞釀期間慨然支持，對本書論點的批判討論，以及最重要的，一起快樂共度人生。最後，感謝我的父母羅伯特（Robert Chater）與多蘿西・查特（Dorothy Chater）。沒有他們的信任、持續不斷的愛與支持，我可能無法在研究路上堅持下去，遑論寫這本書。

尼克・查特（Nick Chater）

二〇一七年於英國考文垂（Coventry）

第一部
心靈深度是種錯覺

第一章 創造的力量

我們的性格就如同所有的小說人物，都是想像出來的。充滿漏洞與細節寥落不僅是小說的特徵，也是我們內心世界的特徵。

馬溫．皮克（Mervyn Peake）小說中的歌門鬼城（Gormenghast Castle）是極為奇特的小說場景，那是一座巨大怪異、古老頹圮、造型奇特的城堡。馬溫．皮克除了寫作，也創作油畫與插畫，所以視覺創造力非常出色。他以清晰敏銳、獨具魅力的筆法，描述一個厚重、飽滿、精細的世界。讀他的小說《泰忒斯誕生》（*Titus Groan*）、《歌門鬼城》（*Gormenghast*），故事中的城堡會逐漸在你的想像中扎根。多年來，一些特別忠實，也許有些偏執的讀者，一直想從散落書中各處的描述中，拼湊出歌門鬼城的地理樣貌。然而，這似乎是項不可能的任務：如果想繪製一張歌門鬼城的地圖或製作城堡的模型，便會發現前後矛盾、彼此分歧之處。想從文字描述重建那些高聳的廳堂與城垛、圖書館與廚房、通道與蹊徑，幽然聳立、近乎荒廢的翼樓，是辦不到的。這些結構就和城堡裡的居民一樣糾結纏繞，自相矛盾。

撇開馬溫．皮克充滿魔法的文字，這個矛盾應該不令人意外。創造虛構的場景有點像設計填字遊戲，每項描述都提供了對城堡、城市、國家規畫的另一條「線索」，但隨著線索數量增加，過不久要將所有線索串在一起就變得非常困難。實際上，不論對《歌門鬼城》的讀者或馬溫．皮克本人來說，串連所有線索很快就成了不可能的任務。

當然，虛構世界不連貫的問題不只在地理方面。故事在很多方面都必須合理，情節、角色、無數細節都需要協調統一。有些作者殫精竭慮地想避免閃失：托爾金（J. R. R. Tolkien）將《哈比人》（*The Hobbit*）與《魔戒》（*The Lord of the Rings*）的背景設在中土世界，為此他寫下詳盡的歷史、神話、地理設定，搭配完整的地圖，甚至發明了有豐富詞彙及文法的精靈語。相較之下，寫《淘氣小威廉》（Just William）系列小說的李梅爾．克朗頓普（Richmal Crompton）是另一個極端，她恣意在故事中詳盡描寫小主人翁，但也欣然承認故事有明顯的不一致（主角的母親有時叫瑪麗，有時叫瑪格麗特；主角的知交有時叫姜傑．弗羅杜，有時叫姜傑．麥瑞杜）。

因此小說與現實的差異之一，就是小說會有破綻。現實世界儘管可能**看似**令人費解、荒誕乖謬、有悖常理，但不可能自相牴觸。書中對城堡或國家的文字描述可能不合理，但實際存在的城堡或國家必定不會互相扞格，所有事實、距離、照片、經緯儀測量結果、衛星圖、地質探測的結果必然連貫一致，因為世界上就只有一個獨一無二的真實世界。但對於虛構的世界來說，要避免破綻必須煞費苦心。儘管聰明強記的托爾金花了大把心思，他創造的中土世界經眾多粉絲鑽研，依舊存在一連串明顯的漏洞。

虛構的「世界」，即使是馬溫．皮克與托爾金工筆精描的世界，細節依舊稀疏寥落。在現實生活中，每個人都有特定的生日、指紋、確切的牙齒數量。在虛構的世界中，大多數角色都沒有這些特質，或應該說大部分的特質都付之闕如，無論這些特性是重要（有血友病的隱性基因）還是微不足道（與精靈族確切的血緣關係[1]）。但是當然，小說中細節寥落的狀況比前面說的更嚴重。再回頭想想安娜．卡列尼娜，她表現於外的人格特質、人際關係，或許還有她的自我認知，都取決於她的美貌。然而她長相如何？畫家、著名書籍封面設計師彼得．門德松（Peter Mendelsund）指出，托爾斯泰描寫的不多——她睫毛濃密，唇邊上有細絨般的微髭，差不多就這樣了[2]。她個子是高是矮？金髮、紅髮或黑髮？藍眼或棕眼？令人驚訝的不是托爾斯泰寫得這麼少，而是我們根本沒注意到，也不在乎。我們讀小說時主觀感覺故事主角不是一個模糊的火柴人，而是有血有肉、立體的角色，但是托爾斯泰幾乎沒有提供可界定這個角色的獨有特質。

當然可能有人會反駁說，文學小說的重點不是人物的外貌，而是人的內心生活。然而實際上，托爾斯泰對安娜內心的描繪，幾乎和對身體的描繪一樣模糊。安娜究竟是個什麼樣的人？和她說起話來是什麼感覺？她對俄國嚴重的不平等有什麼看法？她與佛倫斯基相戀所受的撻伐，是否激起她的反叛心態，也造成她的毀滅？托爾斯泰小說的奇妙之處在於，小說沒有回答這些問題，但創造多種解釋的空間，反而引人遐思。我們可以用各種方式「閱讀」安娜：豪放、偏執、浪漫、挑釁、狂野、壓抑、有愛心、冷酷，有各種程度與組合。但是，這種開放性自然也表示小說文字並沒有界定安娜無論身體或心理的特質。

再回頭想想前言提過的「真人安娜」，假設《安娜．卡列尼娜》不是純粹虛構，而是小說體的傳記，則所有關於安娜沒提到的事實（她精確的身體外貌、她的基因組、她和精靈族的關係）都會有明確的答案。我們可以透過綜合研究解答某些問題（例如仔細的系譜學分析可能發現她和精靈族有共同祖先，十七世紀時住在基輔），其他問題（例如她十一歲生日時的身高）或許已不可考。但是不管我們知道的再多，對於安娜的生活、她的人格特質、動機、信念是否就能有真實的「解讀」，能描繪出精確的輪廓？

前面提到小說有兩個特點——難免有漏洞、細節寥寥無幾。如果安娜要解釋自己的內心世界，她的描述肯定會像馬溫．皮克的歌門鬼城一樣支離破碎、前後不連貫、自相矛盾。她的解釋原本就不會多——她對俄國各方面的社會狀況、周遭的人、自己的目標與志向，及種種不曾細想的主題，可能都沒有多少意見。真正的安娜或許真的和精靈族有血緣關係，但是她對俄國農業改革不同模式的優點、沙皇帝制的未來，肯定沒有明確的立場。當然，有人問起時，她可以編造意見並表達出來，但這些意見本身也是既模糊又容易自相矛盾。真人安娜的心智就像虛構安娜的心智一樣，是創造出來的作品，我們自己的心智並不比小說更加「真實」。虛構的安娜是托爾斯泰大腦創造出的簡略、矛盾的人物，而真人安娜也同樣簡略、矛盾，創造者是她自己的大腦。

不用說，外在的世界恰恰相反，不論我們是否察覺，所有的細節都清清楚楚。我的咖啡杯是在一週裡特定的某一天買的，這個咖啡杯是在某個特定的窯裡，在某個特定的溫度下燒製而成；它有個特定的重量，處於特定的緯度。而且現實世界的一切必定毫無扞格：事實要在同一個世界中成立，就不能自相牴觸。

相較之下，我認為，我們的信念、價值觀、情感及其他心理特徵，就如同歌門鬼城的迷宮一般錯綜糾結、零落不全、自相矛盾。從這個意義上來說，我們的性格就如同所有的小說人物，都是想像出來的。充滿漏洞與細節寥落不僅是小說的特徵，也是我們內心世界的特徵。

人工智慧與「內心的靈媒」

我們的思想**似乎**不完整而矛盾，這點幾乎無可爭議，但難道不能填補這些漏洞，解決這些矛盾嗎？安娜．卡列尼娜的世界與心靈由托爾斯泰的文本定義，所以沒有「基礎事實」可以填補空缺的細節，但是對真實的人來說，只要認真搜索，或許可以找到這樣的基礎事實。也許，在我們內心某處，蘊含著完整具體的信念、動機、願望、價值觀、計畫等等；也許我們有豐富的精神深度，也就是完整而連貫的內在世界，從中產生一致的思想與行動。只要認真搜尋，也許我們可以揭開這個世界的內涵：藉由盡量清楚的勾勒、說明自己的知識，求教於我們「內心的靈媒」。接著仔細研究靈媒開示的神諭內容，篩掉不一致、填補漏洞，努力拼湊出其中的「智慧」。

這行得通嗎？找出答案唯一的方法就是試試看。我們確實一直在嘗試，兩千年來的哲學一直致力於「澄清」許多常識概念，包括因果關係、至善、空間、時間、知識、心智等等，科學與數學從我們的常識概念出發，但最後這些想法，無論是「熱量」、「重量」、「力」、「能量」等等，都極端變形，形成複雜的全新概念，而且往往違反直覺。直覺上我們不會區別熱量與溫度，重量、質量與動能，我們像亞里斯多德一樣，認為如果沒有力作用於物體，物體就會靜止，但實際上物體會以恆定速度運動；直覺上我們不認為熱是一種能量，不認為把物體往上推、進行化學反應、拉開橡皮筋可以儲存能量；凡此種種，不一而足。

運動定律、熱力學定律等等物理世界的規律是陌生、違反直覺的，也因為如此，我們花了好幾世紀才發現「真實」的物理學定律，每一代的學生學起來也不容易。無論我們內心深處的靈媒知道什麼，肯定和物理學定律不同[3]。

當然，沒有人真的以為每個人內心都住了一個牛頓、達爾文、愛因斯坦，或這些科學家理論成就的內在表徵，提供我們對物理世界的一般性解釋。但也許我們的內心靈媒能傳遞其他的事物，與真正的物理學、生物學或心理學相近，但是比較簡單、直覺。也許指引我們思想的是常識理論，這種理論儘管與科學辛苦創造出來的理論不一樣，但還是一種理論。

這個想法很吸引人。事實上，從一九五〇年代開始，一代代的知識分子都投入一項特別複雜的共同研究，試圖釐清一些常識理論，以系統化地整理人類的思想，再加以複製，創造出能像人一樣思考的機器。這種想法在最初幾年引領了近代一項重大的科學挑戰——創造人工智慧。

自一九五〇、六〇年代以降，人工智慧的先驅，及他們在認知心理學、哲學、語言學方面的合作對象，都非常重視心智深度這個想法。他們理所當然地認為，我們有意識地體驗、能訴諸文字的思想，都來自許多相似、已經成形的想法所構成的一片汪洋、龐大的網路或資料庫，只是我們目前還無法有意識地感受這些想法。每個表達出來的想法背後，應該都隱藏了數以千計的其他想法，而且這些想法不是散亂無章，是有條理組織的。因此，要模仿人類的智慧，一開始的策略是：

步驟一：挖掘深層心智，盡量讓其中蘊含的思想浮現。

步驟二：整理這些知識、建立成系統，揭開隱含的「常識理論」，接著將這些知識編碼到電腦資料庫中；表達上不能只是用簡單清楚的一般語言，要用電腦可以處理、簡潔精確的形式語言。

步驟三：編寫計算方法對上述資料庫進行推理，以運用資料庫中的常識來理解新的經驗、使用語言、解決問題、做出選擇及計畫、與人對話，普遍從事各種智慧行為。

早期研究人員想創造人工智慧電腦程序來複製人類智慧時，正是採取這種方法。但有許多哲學家和心理學家抱持懷疑態度，認為這種方法註定會失敗——用我們的話來說，這些人懷疑心智深度可能是一種錯覺。但研究人員依舊不屈不撓。如果這種方法**有可能**成功，那當然要試試看。如果能獲取並重建我們對世界的知識，創造出真正的智慧機器，將會是了不起的成就。

情況看似大有可為，過去數十年來，頂尖研究人員預測人類智慧能在二、三十年內實現。然而，進展似乎比預期慢，挑戰遠比想像大得多。到了一九七〇年代，逐漸出現嚴重質疑的聲浪；一九八〇年代，探勘、整理知識的程式發展開始停滯不前。事實上，研究人員那時已悄悄放棄模擬人類智慧的計畫，轉向更具體的電腦視覺、語音處理、機器翻譯、遊戲博弈、機器人、自動駕駛汽車等計畫。一九八〇年代以來，人工智慧在解決這些特定問題上極為成功，不過卻完全避開了將人類知識擷取為常識理論的環節。

近幾十年，人工智慧研究人員並非讓機器向人類學習，而是直接讓機器去解決問題，人工智慧因此取得進展，並轉變成另一個雖然相關但並不相同的領域，也就是「機器學習」。機器在學習運作時，並非師法人類，而是從影像、語音聲波、語料庫、西洋棋局等大量數據中擷取訊息；這種方法也得力於各方面的進展，例如電腦速度更快、資料量更龐大、學習方法更聰明。但是機器學習在任何階段都不會涉及探勘人類信念，也不會重建常識理論。

深層解釋的錯覺

我們曾想透過擷取、系統化、推導人類的思維，也就是從我們的「內心靈媒」中套出「理論」，來創造人工智慧，結果卻失敗了。這個失敗非常有教育意義，光是第一個步驟——找出作為人類行為基礎的知識、信念、動機等等，就已經極為困難。人可以流利地用語言解釋自己的思想與行為，如果有人追問，還能滔滔不絕說出更多的解釋。

但分析這一連串的言語描述會發現，無論內容多長，不過是許多片段的解釋，勉強串在一起。我們發現西洋棋大師無法真正解釋自己如何下棋，醫生無法解釋自己如何診斷患者，沒有人可以真正解釋自己怎麼理解日常世界的事物。我們所說的聽起來頭頭是道，但實際上只是邊說邊想，編造出一個支離破碎的故事。

這一點在進行人工智慧步驟二——將片段知識組織成連貫且合理的完整形式，以建立人工智慧資料庫時，成為棘手的問題。這項任務根本不可能，因為人的知識片段非常浮泛，也嚴重自相矛盾，所以幾乎也沒辦法進行步驟三：讓電腦運用取得的人類知識進行推理。

實際上，即使是日常世界中基本的屬性，要解釋最簡單的知識也非常棘手。例如，人工智慧研究員一直希望找出一種常識性物理學（common-sense physics），能夠規範我們與物理世界的日常互動。在一九六〇和七〇年代，這似乎是展開人類知識獲取計畫的理想起點[4]。然而，半個世紀過去了，我們仍然原地踏步。

為了理解箇中原由，且讓我們想想常識性物理學中熟悉的一面：大家似乎都知道的日常物體的運動模式。具體來說，想想咖啡、小鋼珠、砂糖灑在廚房地板會怎麼樣。我們知道，咖啡會濺落成大小不同的水窪或水灘，糖粒可能聚成一小堆或均勻鋪灑在地板上，小鋼珠會朝各個方向散落一地，可能滾到櫥櫃或冰箱底下。

所以我們大概知道日常事物如何運動，但要解釋**為什麼**，出乎意料地並不容易。我們當然可以長篇大論。譬如，水擴散是因為要「趨向水平」。但為什麼有些咖啡留在原地，有些濺得到處都是，「趨向水平」這個直覺答案就解釋不通了。我們或許會想到咖啡的主要成分——水——喜歡凝聚在一起，因此才會以水柱或水滴從空中落下，並在地面聚成水窪或水灘。你可以想像這個解釋無限延伸下去。

那麼糖呢？糖出於某種原因不像咖啡一樣飛濺，似乎也不會「凝聚」在一起。糖落到地板上時會稍微散開，卻又不會太開——這一定與糖的粗糙度有關，也和糖移動時的摩擦力有關。如果糖的顆粒極細或極粗，會不一樣嗎？咖啡的運動就像無摩擦力或幾乎無摩擦力的糖嗎？或許糖也會趨向水平，像咖啡一樣，只是程度輕微許多；儘管如此，如果一陣風或電扇對著糖吹，糖也會逐漸在地板上形成均勻的一層。小鋼珠又不同了，小鋼珠光滑、堅硬、不會聚在一起，如果一顆小鋼珠落下時擦過另一顆，兩顆小鋼珠會往不同方向彈出去，背後的原因也不是很清楚。不知為何小鋼珠很容易反彈——黏土球的運動就很不一樣。這點很奇怪，因為小鋼珠看起來不太有彈性（不像橡膠球那麼有彈性）。

現在假設把咖啡、糖或小鋼珠倒進一個空塑膠桶，或裝滿水或其他物質的塑膠桶，你也可以就此說出一連串解釋。但是請注意，每個解釋似乎都沒出現過、不太一樣，通常與前一個解釋無法並存，並非遵循一套基本原則一步步推演。每發生一個新的情況，似乎都可以有各式各樣的解釋，沒有限制。而且，每個解釋中的每一個步驟本身都可以再追問下去。為什麼水會「趨向水平」？為什麼小鋼珠會反彈？為什麼糖倒入水桶中會均勻散布？等等[5]。

我們大概也遇到前面說過的漏洞與細節寥落的問題了。我們的解釋充滿漏洞，矛盾也比比皆是。事實上，心理學家有一句話叫「深層解釋的錯覺」（illusion of explanatory depth），就是在說我們自以為知道事情的原理，但實際上又無法具體解釋[6]。

無論是冰箱的運作原理、怎麼騎自行車，或潮汐的起因，我們都覺得自己了解，但解釋起來卻錯誤百出又自相矛盾。

也許研究人工智慧的最初幾十年，最重要的發現就是這個問題實在太過嚴重，根本無法彌補。起初我們假設只要把直覺的言語解釋再充實、填補一下就沒問題了，只要認真找，一定能找到「深藏在內心」的常識理論。我們要落實自己的假設，讓概念成形，希望言語解釋梳理、組織過後，能精煉、轉化出清晰完整的理論，再交由電腦程式人員編碼。

但事實正好相反。儘管人工智慧研究大軍結合了奔放的創造力、強大的數學武器及堅毅不拔的精神，努力想將言語知識塑造成有用的形式，卻不斷地失敗。我們對物理世界的言語解釋，並非心裡清楚只是解釋不清，而是心裡不清楚，解釋也很含糊。在解釋對社會、經濟世界或道德美學的判斷時，也有同樣的問題。

我們以言語解釋時，並不是在陳述內心世界穩定、原本就存在的知識，或前後連貫、足以用來推理的理論。這些說法都是即興、臨時創造的，在當下才脫口而出。我們請示了常識性的物理學、心理學和倫理學的內心靈媒，希望揭開這些理論中隱藏的智慧。但是這位靈媒到頭來卻是一個老千、幻想家，一位自圓其說的大師。

內心靈媒的忠實信徒

我們太低估了自己的創造力。我們的「內心靈媒」是一位出色的說書人，表達流暢又有說服力，把我們騙得團團轉。實際上，大腦編造出來的深層內心世界並不比歌門鬼城或中土世界更真實。心智是平的：精神的「表層」，即構成意識的想法、解釋、感覺經驗，就是精神世界的一切。

心智深度錯覺的問題比乍看之下更普遍。兩千五百年來，對於「至善」的概念、物體事件的本質、身與心，知識、信念與因果關係等核心概念，哲學一直想系統化我們的直覺看法及言語解釋。如果**真的存在**某種貫串的秩序，可以統合我們的直覺看法及解釋，這種嘗試才有意義。問題是，從來沒有人發現這種秩序。

十九世紀末及二十世紀，哲學家努力想將混亂無序的常識整理出秩序，從而開啟了後來哲學的分析傳統，產生很大的影響力。這些哲學家包括費雷格（Gottlob Frege）、羅素（Bertrand Russell）、早年的維根斯坦（Ludwig Wittgenstein）等等，他們想透過了解語言來找出常識的秩序，尤其想藉由系統化我們對**意義**的直覺想法，來釐清語言的「邏輯結構」。當時認為，「弄清楚」語言和意義非常重要，有了這個基礎，才能間接解決重大的哲學問題。他們認為，人的想法有許多不明確的地方，但如果能釐清這些想法是怎麼用語言表達，不明確就會煙消雲散。但後來發現，我們對語言及意義的直覺看法也充滿了漏洞和矛盾。即使是像「名字的意義」這麼基本的問題，也可能找不到直覺看法，或直覺看法彼此嚴重衝突。（例如，有些難解釋的名字問題還是沒有解答，譬如荷馬（Homer）是否並非《伊利亞德》（*Iliad*）作者的名字，而是指口述傳統？還有夏洛克．福爾摩斯（Sherlock Holmes）等小說人物的名字，假名的問題，不同人用同樣的名字等等。）我們又一次發現無法透過直覺看法或思考，來找出意義的隱含秩序；我們使用語言意義的方式、對語言意義的想法，其實混亂又不連貫。

對於意義、真相、知識、價值、心智思想、因果關係等一般性概念，哲學家在仔細思考分析互相矛盾的直覺看法後，多少能填補一些漏洞、消除一些矛盾，但是新的漏洞和矛盾仍會不斷出現。如果大腦擅長自圓其說，而非找出秩序，就不可能從任何直覺看法中建構出常識理論，就像熱心的粉絲永遠不可能畫出歌門鬼城的地圖[7]。

分析哲學進展的同時，語言學家也追隨著諾姆·杭士基（Noam Chomsky）提出的生成語法，想將語言的結構系統化，希望整理人對某個句子是否成立的直覺看法，系統化為數學般嚴謹的理論，掌握人人語言知識的本質。然而，這套研究計畫也陷入了沉寂：後來發現，即使在語言中觀察到規律的模式（不只是觀察到語言的意義），這些模式的規則也不一致，規則底下還有規則，甚至還有徹底的例外[8]。

同樣的情況也發生在經濟學。經濟學家假設消費者和公司對「世界」（或世界中與經濟相關的部分）有完整一貫的看法，包括完全了解自己的偏好，這些「超理性」行為個體彼此互動，產生了市場行為。這套研究計畫儘管如數學般的優雅，也逐漸沉寂。首先，無數的心理學和行為經濟學實驗表明，我們的信念和偏好極為模糊，而且自相矛盾。另一方面，不良的個別決策（受強烈的希望、恐慌影響，傾向盲目追隨或過度反應）可能會對市場或整個經濟體造成意想不到的動盪。

商業與政治領域也廣泛假設人對世界、對自己的偏好有完整統一的看法。市場研究人員想找出我們想要的商品或服務；決策分析人員想找出機場或發電廠等複雜計畫中所有相關人士的信念和偏好；健康經濟學家想估算疾病、殘疾、生命本身的穩定金錢價值。這些項目遇到相同的問題：我們的直覺看法彼此扞格，也不全面。人經常對完全相同的問題有截然不同的答案（即使在幾分鐘內），對不同問題的答案往往不一致，意見和實際選擇之間也常有出入（可能說很重視自己的生命，但仍然從事危險的行為）。我們經常對事情發表意見（例如核電、氣候變遷、政府是否應該資助某種癌症新藥），但解釋卻很粗淺——大多數人對這些問題的理解並不比對冰箱如何運作清楚多少。我們可能有強烈的意見，但這些意見並非（也不可能）來自連貫而完整的常識理論。正如人工智慧「實驗」所揭示，這樣的理論根本不存在。簡而言之，問題在於我們對常識物理學、心理學、道德、意義、愛好的直覺看法，就和馬溫．皮克對歌門鬼城的描述不一致。

然而，我們卻經常沉迷於一種截然不同的想法，覺得自己的思維與生活混亂矛盾，一定是因為互相矛盾的多個自我彼此衝突，比方說「有意識的自我」與隱藏、原始、陰暗的「無意識自我」產生衝突。但是，就像我們不該假設有好幾座歌門鬼城，來解釋馬溫．皮克對歌門鬼城的描述不一致，我們也不該假設人有多個自我，來解釋「自我」不一致，以及自我的思想、動機、信念不一致[9]。

心理學：藝術還是科學？

正如序言所說，數十年來我一直受本書的推論所吸引，同時又不斷抗拒這種論點。你可能會覺得很奇怪，因為對許多人來說，人本質上很擅長即興編造故事、能在當下即時解釋和重新詮釋這個世界，這個想法聽起來就很吸引人，而吸引人的原因有幾個。

首先，我們思想組織的方式電腦無法複製，這似乎正說明了人的自由、創造力、獨創性無法化約為單純的計算。

此外，從藝術、文學和人文的角度來看，「心智是平的」這個觀點似乎再自然不過了，根本不是什麼新鮮的論點。這些領域向來認為，對於人本身以及人的行為，原本就可能有種種互相衝突、支離破碎、不斷重新創造的解釋。許多學者進一步認為，人性無法從科學角度來理解，也不該從科學角度來理解。儘管我們對自己與別人行為的直覺詮釋漏洞百出，但也沒有其他解釋了，乾脆就接受吧。

根據這個觀點，心理學應該向人文與藝術看齊，而非與科學看齊。也許理解自我無可避免地就是在不斷引發、思考、分析、挑戰、重建各種對思想與行為的詮釋，以及對他人詮釋的再詮釋等等。果真如此，那也許應該創造一種心理學，其中每個人對自己和其他人的觀點都有道理，每個想法都可以重新分析、爭論、推翻或重拾，而且理解心靈和行為應該是開放式的討論，沒有「正確的解答」。

對很多人來說，這個願景令人振奮，令心理學顯得更崇高。但我不這麼想。如果自我認識無法帶我們超越貧乏的直覺解釋，只能在同樣漏洞百出、毫無根據的直覺看法組成的無止盡鏡面間，來回反射出扭曲的倒影，我會非常失望。對我來說，這不是解開束縛，是虛無主義；不是讓心理學掙脫科學的束縛，而是徹底放棄運用科學來了解自己。

我認為因為心智深度錯覺而將心理學劃入人文藝術領域，是完全錯誤的做法，這種做法不但欣然接受對思想和行為因時制宜、即興應變、殘缺不全、自我牴觸的一般性解釋，更無止盡地加上重重晦澀難解的言語臆測，無論是關於夢想、聯結、情結、多重自我、隱喻、原型、現象學等等。仰賴狂野、富有創造力但完全不可靠的想像，幾乎不可能獲得可靠的結果。這就像用童話故事來解釋另一個童話故事的起源。

心智科學應該採取完全不同的做法：去了解大腦機制如何能建構出人類智慧核心的「即興發揮機」。畢竟，大腦說到底就是一台生物機器，由數千億緊密相連的大腦細胞組成。這台生物機器能無中生有、即興發揮、做夢想像。釐清這台機器如何運作，也就是了解大腦神經迴路中的電和化學活動如何產生思緒與行動，正是科學的一大挑戰。

人工智慧初期的探索方向一開始看起來很吸引人，如果這個研究方向沒錯，這表示人類大腦的運作原理，基本上就像研究人員用來寫程式、我用來寫這本書的電腦所用的原理一樣。日常語言產生的抽象符號解釋，似乎與計算機語言及資料庫中用的抽象符號表徵差別不大，只要將直觀的言語解釋調整一下，填補漏洞、消除不一致，也許就可以轉換成內在的資料庫，用來進行抽象符號計算。因此，研究人員才從字面意義上理解我們編造出的敘述、理由、直覺看法和解釋，希望整理、系統化成統一的規律，讓機器用來推論。然而我們已經發現，這種方法過去不曾成功，未來也不可能奏效。我們的敘述是不足採信、前後不一的即興創作，無法用來探索內在深層的理論。

但是長期以來還有另一種觀點：生物計算與傳統電腦的符號計算截然不同。在第二部，我們將探索大腦使用這種「合作」計算模型，對心智運作提出新的說法——大腦這種機制如何源源不絕地創造各種想法。但首先，我們得徹底探討、打破目前對心智運作方式的直覺看法。先破舊，才能立新。事實上，心智深度錯覺潛伏得比目前所見更深更廣。在第一部的其他章節，我會拆解直覺看法，以嶄新的觀點審視心靈。

第二章　真實的感覺

我們感覺自己可以「掌握」眼前整個世界，這種感覺也是一種騙局。我們對世界的心智「圖像」就像所有虛構世界和常識理論一樣，可能有許多矛盾與漏洞。

從字彙到圖像

雖然歌門鬼城是虛構的場景，但**感覺**卻像個完整、連貫的世界。也許這並不奇怪，因為我們讀小說的時候，可以說是一字字「接觸」到假想的虛構世界，通過字句這樣狹窄的窗口只能看到情節片段，很容易完全忽略其中的漏洞與不一致。大家都知道創作的故事與真實故事很難區別，因為兩者**感覺**起來都很真實。事實上，甚至連創作者自己都會覺得虛構的世界、當中的角色與城堡很真實，不像我們以為作者應該最清楚這不是真的，作者反倒常說自己創作的角色和整個故事逐漸「有了自己的生命」。當然，這只不過是個比喻，虛構世界與虛構人物只存在書頁的字句中。

現在來想想**當下的感覺經驗**組成的「內在世界」。不要注意喋喋不休的思緒，請專注在心智當下對世界形成的「圖像」，注意其中的顏色、細節、各種物體。想當然耳，我們不是透過狹窄的窗口，一點一點看到感覺世界的「圖像」吧？所有的資訊似乎都是同時「載入」到腦海中，成為連貫統一的整體。如果是這樣，那這種瞬間經驗組成的「內在世界」當然不可能有漏洞，因為我們可以同時仔細打量整個圖像，要是感覺經驗裡有什麼漏洞或不一致立刻就會發現，不是嗎？故事會有漏洞和矛盾，但圖像不會，不是嗎？

然而，本章將會討論，我們感覺自己可以「掌握」眼前整個世界，這種感覺也是一種騙局。我們對世界的心智「圖像」就像所有虛構世界和常識理論一樣，可能有許多矛盾與漏洞。

瑞典藝術家奧斯卡・路德斯維德（Oscar Reutersvärd, 1915-2002）畢生創作了許多看似單純的「不可能存在的物體」（impossible object）。圖1是他三幅著名的作品，組成一套相當優雅的瑞典郵票。每個「物體」整體來看都是一個完全正常、普通的3D幾何圖形。但仔細觀察，不同的圖形就是無法組成一個正常的物體[1]。

圖1最左邊的郵票看起來是個很一般的幾何圖形，由三列浮在空中的立方體組成。但是仔細一看會覺得不太對勁，圖形各部分看起來似乎有深度，但就是組不起來。到底問題何在？感覺很奇怪，不同部分的3D判讀沒辦法組成一體，成為完整的3D圖形。這些圖形乍看之下沒什麼問題，但以立體的角度來解讀時，卻變得自相矛盾，看似3D物體，其實卻不是。

「不可能存在的物體」看起來似乎只是個小把戲，可以在派對上暫時吸引一些目光，但其實還能讓人更深入認識知覺的本質，也能做為比喻，生動地展現思想的本質。

所以，不可能存在的物體告訴了我們什麼？我認為我們可以得出三個結論，這些結論之後會以各種形式在本書反覆出現。首先，從這些物體可以看出，我們對知覺運作的常識看法有嚴重的問題。常識認為，外在世界透過知覺反映到內心，形成某種內心的複製品，所以我們知覺到一本書、一張桌子或一個咖啡杯時，腦中就會幻化出一本朦朧的「精神」書、一張「精神」桌子、一個「精神」咖啡杯，心智就是自然的一面「鏡子」[2]。但這樣講有問題，那些「不可能存在的物體」不可能有3D「精神複製品」，因為這些物體根本不能形成3D圖形，就像拼不起來的立體拼圖。把心智比喻成鏡子一定是錯的。我們需要完全不同的觀點——知覺是從**推論**而來。

其次，從我們看「不可能存在的物體」的方式可知，大腦會把圖片分拆成好幾個部分，然後一次「掌握」一個部分。瀏覽圖形不同部分，會發現分開來看每部分

圖 1：奧斯卡．路德斯維德所繪的「不可能存在的圖像」，製成一套漂亮的瑞典郵票。

的深度都很正常，每部分的3D判讀（例如某個支柱、立方體或平面）看起來都沒問題，但就是無法整合成一個正常的整體。大腦看世界、構想世界的方式都是一次一個片段。

第三是人錯誤的信心。我們看著不可能存在的物體時，會強烈感覺自己在看3D圖形，儘管這個圖形看起來有點奇怪。但是這種強烈的「感覺」完全錯誤，這個圖形不可能有3D判讀[3]。這又是深度錯覺的一個例子，這種深度錯覺可以從字面解讀，也就是誤以為不可能存在的物體有深度，也可以當成比喻，也就是誤以為故事與解釋有深層的內在，像這樣的錯覺無所不在。

零落的感官經驗

所以視覺「世界」可能自相矛盾，但這個世界也會充滿漏洞嗎？看起來**似乎**沒有。我觀察房間，**感覺**自己同時看到牆壁、家具、地毯、燈具、電腦、咖啡杯、散布的書籍和文件。我對**自我感覺經驗**的直覺想法肯定沒錯，不是嗎？

但是，由於眼睛的基本構造，人的確有理由懷疑自己充滿細節又五顏六色的視覺感受。人眼視網膜上有個中央小窩，上面布滿專門感受色彩的錐細胞，眼睛轉向感興趣的物體時，中央小窩也會對準物體。眼睛對色彩的敏銳度在中央小窩外會迅速平滑下降（見圖2）。事實上，在眼睛凝視點的幾度之外，就幾乎完全看不到顏色。雖然視野大部分都布滿了桿細胞，但桿細胞只能偵測明暗。所以眼睛的基本構造顯示，離凝視點幾度之外，人只能看到黑白兩色。但是我們卻感覺自己整個「主觀視覺世界」色彩鮮豔。最起碼這種感覺一定是種錯覺。

既然提到了視網膜，就再來談談視網膜上的錐細胞。錐細胞專門偵測色彩，也特別用來觀察細節。正因如此，眼睛會將中央小窩對準正在閱讀的字上。出了中央小窩外，視覺的敏銳度也會迅速平滑下降，這個下降的速率不是隨意的，而是經過精確校準，使得視網膜在某個範圍中，不論物體投射到視網膜上的大小，都不影響我們的視力，並讓這

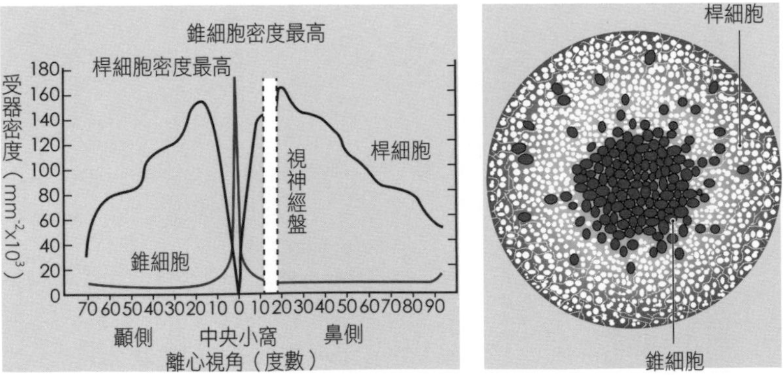

圖2：眼中光敏感細胞的密度。[4]

個範圍盡可能擴大。因此我們可以認出遠處的朋友、辨認電腦螢幕上的縮圖、閱讀小字體，同樣也可以認出一張靠過來的臉孔，即使坐在電影院前幾排也能辨認特寫鏡頭，或近距離讀大廣告招牌上的字。為了讓眼睛拉近或拉遠焦距，需要分析的區域愈小，就必須讓視覺「資源」愈集中。

為了了解視力的集中程度，請看視力圖（圖3）。視力圖測量眼睛看到細節的能力，細節可以用眼鏡商最愛的由大到小的字母圖來測量。請注意視力圖非常精確地反映出視網膜中錐細胞的密度（圖2）。由此可知，視覺外圍可能不僅看不到顏色，影像也非常模糊。我觀察面前的房間，覺得心中經驗到整個房間，細節分毫不差；然而這也是一種

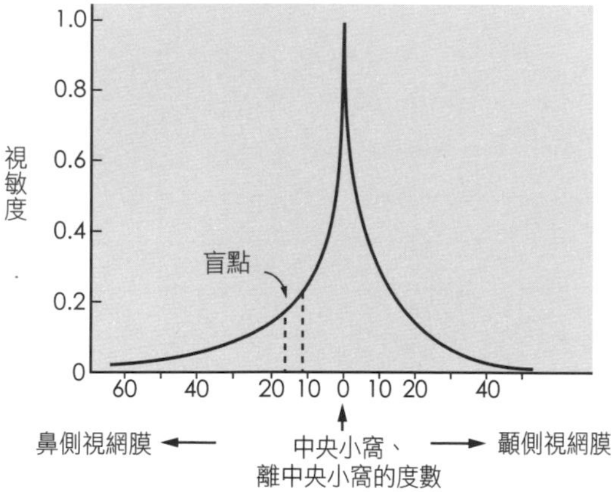

圖 3：視網膜上的視力。我們眼睛能分辨的細節從中央小窩的高峰開始急劇但平滑下降。視力和錐細胞的密度密切相關，如圖 2 左圖所示[5]。

錯覺——我沒有盯著看的地方其實都是一片朦朧。

因此，眼睛的基本構造與我們對感覺經驗最基本的直覺想法互相矛盾。我們其實是通過一個狹縫看世界，幾乎整個視野都看不到色彩而且影像模糊。另外，暫且不論眼睛構造，有些奇特的圖像直接顯示出視覺的「狹隘性」，看著這些圖像，可以感覺到視覺在玩些騙人的把戲。譬如圖4有12個黑點，每列四個，總共三列。這些黑點不小，背景是白色時可以同時清楚看見所有黑點。但是排列在網子上時，似乎只有眼睛凝視的地方才會出現黑點，其餘地方的黑點彷彿被灰色的對角線給吞噬了。有意思的是，我們可以看到黑點旁邊成對的線條、三角形甚至正方

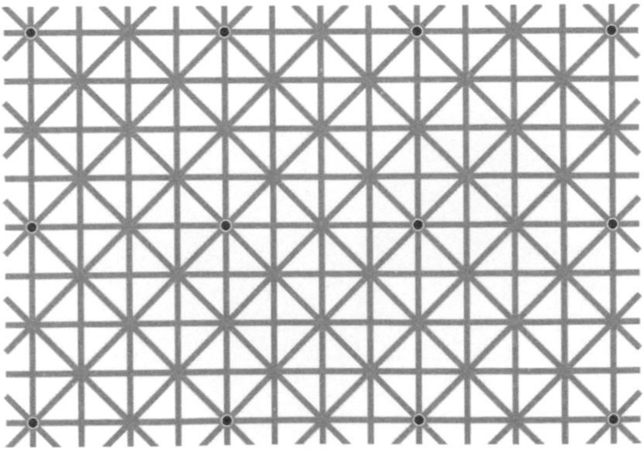

圖 4：你看到幾個黑點？搜索黑點的過程中，黑點不斷出現又消失。這個錯視圖稱為「尼紐消失錯視」（Ninio's extinction illusion），由法國生物學家和視覺科學家賈克．尼紐（Jacques Ninio）繪製[6]。

形，雖然這些圖案時而出現時而消失。但我們無法同時顧及太多圖案，而且只要視線一移開，黑點就消失了。

我們狹隘的視覺「窗口」在哪裡，至少部分取決於我們看哪裡。然而，我們對於自己注視的是影像或場景的哪一部分，感覺通常都很模糊，感覺好像自己可以同時「掌握」所有的細節，感覺想像中「心靈的鏡子」反映出外在世界每個細節，視野中每一處都同樣清晰。我們可以用圖5察覺自己的眼球運動：眼睛掃過網狀圖時，視線所及的地方就會出現一片白點，如果把圖片往任何方向轉動四十五度，可能會發現黑點和白點閃動地更劇烈。視線的位置明顯影響視覺經驗——而且即使影

圖5：這個「閃爍」的圖像讓人更了解自己的眼球運動。旋轉四十五度的話，閃動的效果會更強烈[7]。

像簡單又重複，我們顯然也沒辦法把整幅影像「載入」腦海中。

因此我們對世界的視覺掌握並不那麼精確和全面。我打字時看著眼前的頁面，感覺看到頁面上布滿文字，但這也是一種錯覺，我一次大約只能認出一個詞。我們來思考一下這個思想實驗：假設頁面上除了我目前盯著看的詞（及周圍幾個字母的邊緣），所有字母都會變模糊，但只要我把視線轉向另一個地方，視線「停駐」點的字母就會變成有意義的字母。在我凝視的那一瞬間，我在目光之處「創造」出一片有意義的文字，而其餘的文字仍然是一串串無意義的字母。如果我一次只能看一個詞，那我應該完全不會注意到字母有時變模糊，有時又恢復正常。

自從發明了所謂「即視即現」（gaze-contingent）的眼動追蹤技術，這樣的實驗已經可以實際進行了。我們來看看典型實驗是怎麼做的。假設你看著電腦螢幕，閱讀如圖6頂端的那一行文字，眼球隨著圓圈的指示移動，瀏覽整篇文字，並由眼動儀追蹤眼球的位置。然而，電腦螢幕不會一直顯示出整個句子，而是只會顯示一小段文字，像透過「窗口」來看一樣（圖6中以灰色長方形標示，當然你在電腦上看不到長方形，只會看到單純的文字），文字的位置會隨著你視線移動。在長方形內的文字正常顯示，在長方形外一排排的字母由一串串的「x」取代。

這個設計讓你看到的畫面「即視即現」：你看到哪裡，螢幕文字就顯示到哪裡。因此，當眼睛持續沿著文字移動，螢幕畫面也會持續變化，如圖6連續幾列所顯示。視線沿著一行文字移動時，顯示有意義那一小段文字的「窗口」也會隨之移動，窗口之外除了一串串的「x」之外什麼也沒有。

那麼，閱讀滿篇幾乎由「x」組成的文章，只有視線所在之處會即時顯現一小段有意義的字詞，會產生什麼樣的主觀經驗？如果我們能同時「看見」（以某種不嚴謹的意義來說）整個螢幕、整個頁面的文字，那應該會注意到一串串的「x」，而且會覺得很奇怪。結果我們真的注意到了嗎？

當然，這取決於「窗口」的大小。如果窗口很小，那麼看到一小段不停移動的字母從整篇「x」底下顯現出來，大腦會覺得很奇怪。但是，如果窗口夠大，**你感覺不出有什麼異常**——因為「x」離得太遠，根本不會注意到，所以閱讀時即使文字就在眼前不斷變化，你也不會注意到什麼異常。你可能會想，視野外圍負責偵測變化的桿細胞會不會發現哪裡怪怪的，然候某種程度上驚覺文字在移動而且不停變化？如果文字不是在移動視線時變化，桿細胞確實會發現，否則你其實根本看不到。

那麼，關鍵問題來了，這個窗口可以縮到多小，人仍然不會注意到異常？研究發現竟然可以縮小到只顯示十到十五個字元（如圖所示），並稍微偏向凝視點的右側[8]（大腦思考會稍微「快一步」，以決定眼球下一個運動。因此，在希伯來語等從右往左讀的語言中，窗口會向左偏[9]）。

即使每次只能看到螢幕顯示的十二到十五個英文字母，其他都是一串串的「x」、拉丁字母，或實驗者選的任何符號，閱讀竟然還是很順利[11]。這些結果顯示，眼睛和大腦能注意的訊息或許只限於一個非常狹窄的「窗口」之中，窗口外的資訊幾乎注意不到。而且，進一步的證據表明[12]，我們或許**一次只能閱讀一個詞**。事實上，監視閱讀狀況的眼動儀會顯示，眼睛是不規則地沿著一行行文字「跳躍」，從一個詞跳到下一個詞，有時會跳過較短而可預測的詞，偶爾在一時失神時往回跳幾個詞。但是，大致來說，閱讀時眼睛會從一個詞跳到下一個，一次只

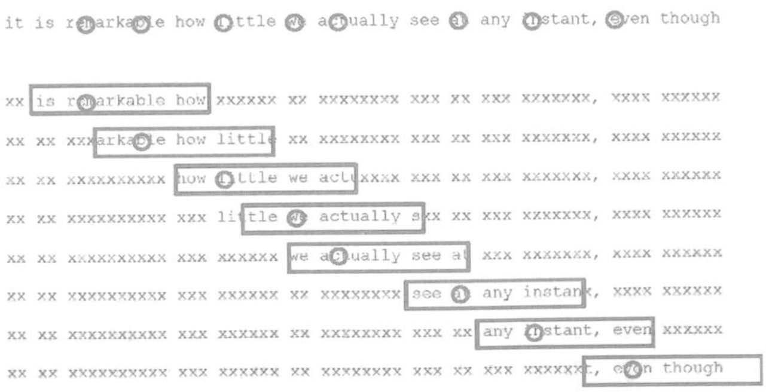

圖 6：即視即現眼動追蹤的示意圖[10]。

能讀一個詞，這嚴格限制了我們閱讀的速度。具體來說，這表示速讀只不過是略讀，大腦不可能一次接收整行或整個段落。

所以，你現在正透過一個同樣狹窄的窗口閱讀眼前的這些文字。除了窗口內你直接凝視的那些字母，幾乎辨認不出其他的字。同樣，這樣嚴格的侷限不僅作用於文字，也作用在辨認臉孔、物體、圖案及整個場景時。你看著一群人的臉，其實一次能認出一個人；看著色彩繽紛的場景，但只能說出你所凝視物體的顏色或細節。

當然，這不表示沒有直視的物體你就完全不會注意到相關訊息——只是這些訊息非常稀疏零落。我們以為自己一次能看到一整頁文字，但其實一次只能看到一個詞，對其他文字只有「一些規律的標記線」之類的整體印象。看著一團凌亂的場景時，我們會有「很多東西」的整體印象，但一次也只能認出一個東西。

儘管研究研果驚人，許多心理學家和哲學家還是不承認豐富的知覺經驗是一種錯覺，感覺與外在世界的聯繫其實很薄弱。你可能忍不住想反駁說，看到一頁文字或一群人，我們只是沒辦法一次**描述**或**記住**很多內容，但**看到**的其實遠遠超過能描述或記住的。簡而言之，也許**真的有**個經驗的內在世界，能幾乎完全反映複雜的外在世界，只是這些豐富的主觀意識超出我們描述的能力，因為經驗的內在世界稍縱即逝，一開始描述時就已消逝。

這種解釋讓人心安，但一定有問題，否則在隨看隨現眼動追蹤試驗中，人會「看到」一串串的「x」，以及一小段有意義的字母，而且會察覺移動視線時，有意義的字母會跟著移動。但受試者不是這樣回報，他們說看到的句子完全正常，完全由有意義的詞組成，而且完全沒看到「x」字串，更別說發現隨著眼睛掃過一行行文字，字母也在改變樣子。所以前面的解釋行不通——如果我們能「看到」整頁文字，但一次只能回報一個詞，那麼隨看隨現眼動儀的設計根本騙不了我們。我們完全被蒙在鼓裡，就表示從來不曾將眼前整面文字盡收眼底，基本上一次只能認出一個詞，對其他文字只有模糊的感覺。

隨著視線掃過眼前的視覺世界，片段的視覺訊息整合，我們才感覺到眼前有整頁的文字或完整的場景。所以，如果視線與世界的接觸點完全**保持固定**，豐富的視覺世界應該就會瓦解。如果視覺圖像投射到眼睛的位置固定不動，我們對場景、文字、臉孔、整面書頁的知覺就會逐漸潰散。真的如此嗎？

我們很難對這種奇怪的情況有什麼直覺看法，因為在日常生活中，我們的眼睛不斷在運動，即使想要盯著一個東西，眼球也會微微顫動，無法用意識控制。但如果真能讓影像在視網膜上的位置保持固定，會發生什麼事？由於眼睛不斷在運動，影像必須完全和眼睛同步移動，影像落在視網膜上的位置才能保持固定。如此一來，不論往哪裡看，眼中看到的都是同樣的東西。

要讓影像在不斷顫動的眼球上保持在固定的位置，在技術上是個挑戰。不過，早在一九五〇年代，美國布朗大學（Brown University）心理學家羅林・里格斯（Lorrin Riggs）的研究團隊，以及英國里汀大學（Reading University）的物理學家狄屈本（R. W. Ditchburn）就解決了這個問題。一個解決方法是將重量只有四分之一公克的「微型投影機」用隱形眼鏡裝到眼球上。眼睛移動時，投影機隨之移動，從而精確穩定影像。投射到視網膜的影像對準中央小窩。運用巧妙的光學技術，受試者看到的影像感覺很小很遠，但實際上，微型投影機離眼睛不到一英寸。

那麼，視網膜影像突然完全固定時，會發生什麼事？我們可能以為投影到眼睛的影像看起來完全正常，只是靜止不動。但結果完全不是這麼回事：幾秒鐘內，投影的影像逐漸消失，可能是一片片消失，或全部一起消失，只剩下均勻的灰色區域，有時會變成黑色。然而冷不防地，整個影像或影像的一部分又自動出現了，接著通常又再次瓦解、重組或完全消失[13]。

視網膜固定影像實驗有助我們理解感知，進一步延伸也有助理解思維。例如，假設某人眼中只看到一條直線，一開始大腦會鎖定並處理這條線，但接下來會試圖脫離並「鎖定」新的刺激。通常眼睛會移動，產生新的視覺刺激來鎖定，但是現在影像位置固定不動，眼睛移動不會產生新的視覺訊息。大腦放掉原本的直線，但沒有其他東西可以處理，不會產生新的知覺判讀，於是這個人的視野裡只會看到一片空白。偶爾，大腦又回頭處理唯一「有意義」的訊息，於是直線又回到視野中，但無法持續很久——我們轉個不停的想像力不斷在尋找可以產生判讀的新材料。

果真如此，我們應該預估比較簡單的刺激經常會完全消失——確實，觀察一條簡單的直線時，人在高達百分之九十的時間經常回報只看到一片空白。另一方面，較複雜的刺激可以有多種不同的處理方式，我們可以鎖定刺激的不同部分，從而解讀出多種不同的圖形。因此，比較複雜的圖形能看到的時間應該更長；這些圖形會持續分解和重組，產生「動態」轉變。重點是，因為我們只能意識到知覺判讀的**輸出結果**，所以只會看到有意義的單位組成，看不到散亂的片段影像。實際情況的確如此。

例如，思考圖7的實驗結果。每一列左側的圖片是投影到受試者眼睛的圖像，其他是受試者產生圖像解體與重組時，回報的幾個視覺經驗。首先，看看頭像（7a）的輪廓：首先注意到受試者看到的通常是影像的連續區域（例如上部、下部、左側），而不是一組任意的片段。特別注意受試者會看到「單純」的面部輪廓，與頭部其他部分分開。人很明顯會「鎖定」這個清晰明確的部分，而非隨意的外形線條（例如表示頭髮的線段）。

在（7b），大腦注意連續、有意義單位的傾向變得更明顯。（7b）主要的刺激是H和B連在一起同時出現，而且一如所料，H和B有時會單獨出現，另外H會分解留下一個

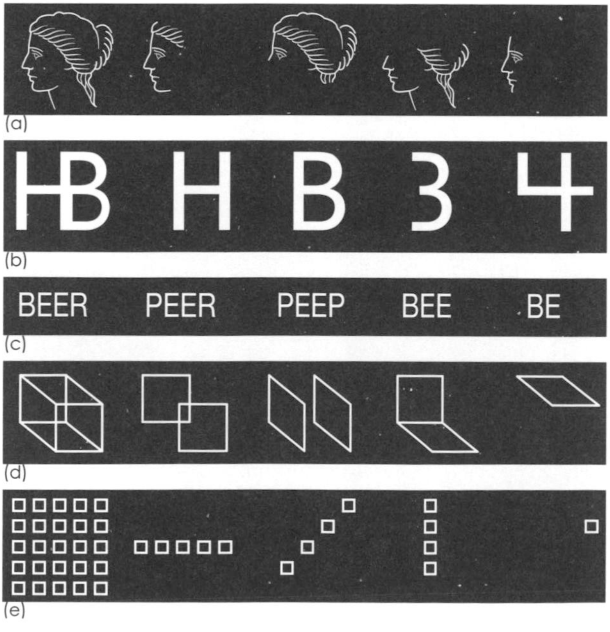

圖 7：保持不動的影像與分解的圖形[14]。

3；最有意思的也許是大腦會「鎖定」4，然後抹去周圍不合的片段，這再次說明了知覺系統有趣的想像力。除非仔細觀察，否則還真看不出來HB連在一起時，裡面還藏了一個4，但知覺系統自然而然就發現了這個圖形。

（7c）也可以觀察到這種模式，BEER這個詞分解成幾個單詞，而不是分解成E、EER、ER等「無意義」的字串。在（7d）中，線條構成的立方體不是分解成隨意排列的線條，而是分成一組一組，所以立方體有些平面保留下來，有些則消失。有兩個圖像只保留了相對的兩個平面，說明大腦保留的區域不一定總是自成一組，最重要的是鎖定的圖形本身必須有意義。當然，這些特定的片段是有意義的，但如果我們假設大腦將這些線條判讀成3D立方體而不是2D平面圖，意義會最明顯。這些觀察表明，至少在這些例子中，大腦可能是先深入判讀影像，**之後**才「鎖定」圖像。最後，在（7e）中，一個由小正方形組成的方格分解為數種小正方形組成的長條，或者單個小正方形。一如既往，大腦偏好有意義的組織，而不是隨機的正方形集合。如果影像保持不動，通常會完全消失，然後再次出現，出現時看起來多半像圖中的片段。每一列最左側是投影的影像，其他圖形是受試者漸次看到的圖形。

上述這種奇特的現象為人所知已經有半個多世紀[15]，期間多半被視為一種令人困惑的有趣現象，對知覺、思想、意識等重大問題幾乎沒有影響。然而，這些現象顯示出心智運作的本質，尤其是知覺運作的一些基本原則，這些原則也可以推演到思維上：

1. 我們只能「看到」有意義的組合（或至少是大腦能找到最有意義的組合），包括影像元素集合、圖形與整個字母、數字、字詞，看不到隨機散布的片段。
2. 一次只能看到一個有意義的組合（例如，我們可以看到BEER或PEEP，但無法同時看到兩者）。
3. 這個有意義組合外的感官訊息（儘管一直清楚明白地投射在視網膜上），會部分甚至完全遭到忽略，可能完全看不到。
4. 大腦不停運轉：儘管在特殊狀況下沒有新的刺激輸入，大腦還是會拚命想脫離現有的組合，尋找另一個組合，如果找不到，影像會徹底消失。

我們觀看固定影像時體驗到的狀況，最接近我們透過「窗口」看出去的狀況，讓人一窺大腦以假亂真魔術表演背後的祕密。還有，後續將會探討，知覺是一種思維活動，或許也是最重要的一種思維活動，其他思維實際上只是知覺的延伸（儘管是強大的延伸）。沿著這條思路，本書之後還會看到視網膜固定影像實驗的證據，指引出一項關於思維的理論。

很顯然，這些觀察表明，我們對自己看到了什麼，無論是文字、物體、臉孔或顏色，我們的想法有系統性的錯誤：我們看到的遠遠少於自以為看到的，而且其實一次只看到世界的一個片段。我們可以將片段連接在一起，就像將故事中連續的句子連接在一起。因此，由當下感覺經驗組成的「內在世界」也完全是個贗品。我們一次只能注意一個詞、一個物體或一種顏色，不能再多。「感官的內在世界」感覺起來像真的，但是逐行閱讀歌門鬼城的描述時，歌門鬼城感覺起來也像真的。在這兩種情況下，大腦都不是同時掌握了「整體」，只是將一連串的訊息片段拼湊在一起。根本沒有反映豐富、複雜外在世界的「內心世界」，否則即視即現的眼動儀設計——在一片無意義的「x」字串裡，在雙眼凝視之處創造小小的意義孤島——就不可能騙得了我們。

前一章說明了深層解釋的錯覺——我們對自己知識、動機、欲求、夢想的言語說法，實際上是一種不足採信的即興表演，在事後才創造出來。在本章中，我們看到即使是自己豐富平順的知覺經驗，其實也狠狠愚弄了我們一番。我們**認為**自己看到充滿細節、五顏六色的世界，但實際上並不是。這個騙局實在太成功、太無所不包了，在哲學和心理學中有時稱為「大錯覺」(grand illusion)[16]。

我們從中學到什麼?知覺世界並不比故事中的「世界」及常識解釋的基礎更能信賴。我們**覺得**在不可能存在的物體上「看到」明顯的立體特徵，一如感覺歌門鬼城簡直躍然紙上、感覺自己「了解」周圍的人和世界，但這些理解卻充滿矛盾。還有，我們對感覺世界的經驗充滿了漏洞，缺口多到教人吃驚——因為「大錯覺」把我們牢牢玩弄於股掌間。

至此我們不得不下這個結論：**心智本身就是「不可能存在的物體」**，只有表面看起來像那麼一回事。馬溫．皮克對歌門鬼城的想像，我們對有形實物的一般性解釋——這些感覺似乎很可靠又清楚，但實際上都叫人困惑、自相牴觸。正如奧斯卡．路德斯維德所繪的奇特物體並非另一套幾何規則的「投影」，我們的思緒也不是內在思想世界的一種映射。心智除了稍縱即逝的思緒，就別無一物。不僅如此，儘管與我們的直覺看法迴異，但意識其實非常零落，知覺、信念、欲求都由我們創造，有需要時，意見、行動、選擇也能一一無中生有。

第三章　剖析騙局

我們為什麼被騙得這麼徹底？本章要探討我們的感官，也就是在信念與欲求、希望與恐懼這些看似可靠的解釋背後操弄的一雙手。

我們陷入了騙局：語言解釋（第一章中的「深層解釋的錯覺」）和感覺經驗（第二章中的「大錯覺」）看似實在可靠，實則虛無飄渺。沒有自然的鏡子，沒有外在現實的內心翻版，沒有翻騰的無意識，沒有讓意識思考穿透的深層內在。極為簡略的片段經驗、更加粗糙簡略的回憶在心中轉瞬即逝，在此之下別無他物。大腦活動當然非常活躍，但並沒有更深奧的思想。在意識中流動的思維、情緒、感受，就是所有的思維、情緒、感受。

那麼，我們為什麼被騙得這麼徹底？本章要探討我們的感官，也就是在信念與欲求、希望與恐懼這些看似可靠的解釋背後操弄的一雙手。「大錯覺」其實和許多令人信以為真的把戲一樣，靠的是誤導。當中央小窩對準視覺世界某一點，所有注意力都凝聚在上面，就很難注意到其他方面。即使我們曾有片刻起了疑心，懷疑視覺周邊看到的影像很模糊而且只有黑白兩色，只要轉動視線，當然就會看到一切的細節和色彩。

幾個世紀前魔術師就已經發現這個祕密——他們把觀眾的目光和注意力引導到影像的某一處，然後在我們毫無戒心的視覺角落，對硬幣、球或兔子動手腳。當然，誤導可能會失敗，小孩子就常常會破壞魔術師的把戲，因為他們沒有聽從指示把注意力往一個方向集中，卻看往另一個方向，而且好巧不巧就看到魔術師在偷偷操縱「神奇」道具。

但是，「大錯覺」的魔術師沒有這個問題，我們一旦看到哪裡模糊，只要仔細檢視，無論如何都不可能看不出那裡寫了什麼字、有什麼臉孔或物體——因為仔細看這個動作本身就召喚出了那個字、臉孔或物體。將注意力集中在影像某個地方（例如，人群中的一張臉、一頁書上的一個詞）的過程，恰恰就是產生色彩與細節的同一個過程。所以，大腦會騙人，讓我們以為自己一眼就能把面前這個穩定、豐富、彩色的世界盡收眼底，但實際上，我們眼中的世界是透過「蠶食」一點一點建構而來。

所以這個騙局的「祕密」非常單純：我們周圍的世界看起來清晰多彩，充滿物體、字詞和臉孔，因為只要我們對世界什麼地方起疑，馬上就可以把視線轉過去，定睛瞧瞧，然後似乎瞬間就有了答案。因為問題連著答案毫不費力，感覺答案早已準備在那兒，也就是我們對周遭世界有完整精確的心理表徵，隨時可以從表徵中找到解答。但是，從即視即現眼動追蹤及各種實驗的結果來看，情況正好相反：我們想知道視覺周邊有什麼物體時，根本不是從準備好的視覺表徵找解答，而是視線瞬間移動，找出答案。

現在暫時從視覺轉向觸覺，思考一下閉起眼睛時，網球拍給我們的「感覺」。來回揮動球拍可以感受到球拍的重量、是否好操控；手指撥弄拍面可以感受到拍線的張力與間距；指尖撫過球拍外圍可以感覺拍框是橢圓形。但是我們必須逐一獲得這些對球拍的主觀感受——揮舞球拍時無法感受到拍線，撥弄拍面時也感受不到球拍的重量。然而，我們不覺得拍框一下出現一下消失，也不覺得拍線時有時無。儘管一次只能感受球拍的一個部分，我們還是覺得球拍整體穩定、確實存在。

那麼，睜開眼睛細看球拍會發生什麼事？事實上與剛剛幾乎一模一樣：根據問的問題不同，視線也會「接觸」球拍影像的不同部分，去了解拍框、拍線、整支球拍的大小或重量。但是因為目光移動、找出答案的速度非常快，讓人很容易誤以為這些結果原本就存在腦海中。

視線一次只能接觸影像一個地方，但能以迅雷不及掩耳的速度瀏覽，停駐在當下所需的視覺訊息部分。另外還有一點可能也很重要，那就是在檢查球拍時，我們很清楚檢查球拍不同部分時手會怎麼動，但對眼睛停駐的位置感覺就很模糊。舉例來說，我們不知道自己看人臉時目光實際上四處游移，會不斷重新看眼睛和嘴巴，也不知道讀一行字時視線不是平滑移動，而是不斷跳過一或兩個字（參見圖8）。總之，視線是快速掃過視野，一一擷取需要的訊息，我們對這點似乎渾然不覺。

無論是觸覺還是視覺，本質上都是逐步接收訊息，不僅會從外在世界的一個「接觸點」跳到下一個接觸點，還可以對同一個接觸點以各種不同方式解讀訊息，如同第二章討論的固定視網膜位置影像實驗，投影在視網膜的同一個影像，有時候可以解讀成「BEER」，下一刻又變成「BEE」、「PEEP」或「PEER」。大腦可以鎖定感覺訊息的不同部分，但重點是一次似乎只能鎖定訊息的一種解讀。對於位置並非固定在視網膜上的正常影像，我們看到「BEER」時，會以為自己也看到其他解讀同時載入腦海中，畢竟如果想知道自己能不能看到「BEE」、「PEEP」、「PEER」這些「BEER」的組

（a）

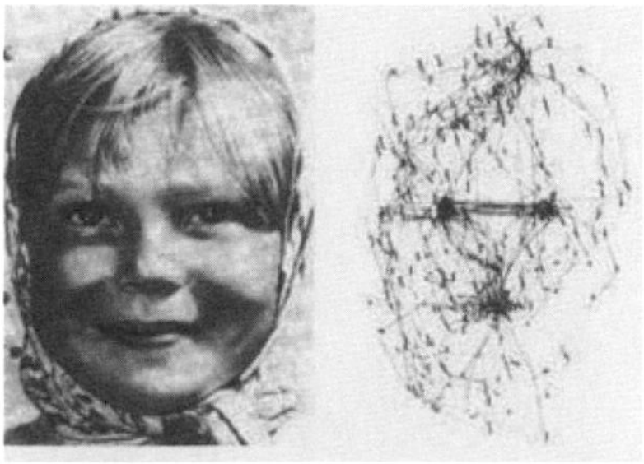

（b）

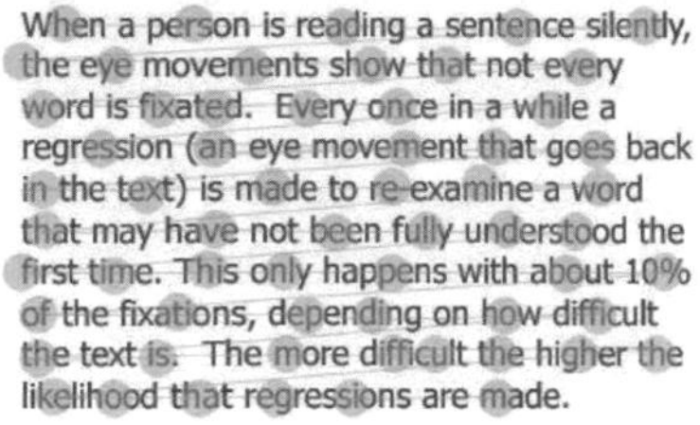
When a person is reading a sentence silently,
the eye movements show that not every
word is fixated. Every once in a while a
regression (an eye movement that goes back
in the text) is made to re-examine a word
that may have not been fully understood the
first time. This only happens with about 10%
of the fixations, depending on how difficult
the text is. The more difficult the higher the
likelihood that regressions are made.

圖 8：視覺接觸：我們看照片或文字時不是一次盡收眼底，而是逐漸「蠶食」。（a）俄國心理學家艾佛德．雅布斯（Alfred Yarbus）在一九五〇、六〇年代率先在莫斯科使用眼動追蹤技術，發現眼睛有很長時間都凝視著影像的一小部分。（b）閱讀一段文字時的眼動[1]。

成詞時，似乎馬上就有答案。但這只是大腦換湯不換藥的同一個把戲：這次不是視線快速移到不同位置，而是大腦鎖定字串的不同部分，因為速度太快又不費吹灰之力，所以我們不知道自己是從一種解讀切換到另一種解讀，誤以為心裡同時包含了所有的解讀。

所以我們其實是透過一扇狹窄但清晰的窗口來看世界，整個視野一片模糊，當中只有一小塊有顏色和細節，只是我們沒注意到窗口的「邊緣」，甚至沒注意到窗口的存在。為了比較，想像你戴上一副眼鏡，除了中間一小塊看得清楚，邊緣看出去都非常模糊而且一片黑白。透過這副眼鏡凝視正前方不會覺得奇怪，整個世界像以前一樣細緻多彩（因為視網膜和大腦並沒有「錯過」眼鏡遮蓋的細節，因為這些細節即使存在，視網膜和大腦也偵測不到）。但是如果移動眼睛，即使只移動一點點，眼鏡中間的那扇「清晰窗口」就會立刻變得很明顯。

暫且想像一下在科幻小說般的未來，或許可以做到把迷你眼動追蹤器嵌入眼鏡，除了眼睛注視的地方之外，鏡片其他部分會把顏色和細節遮蓋掉。這種奇怪的裝置看起來可能會像一副半透明的眼鏡，有一小塊地方近乎透明，隨著戴眼鏡的人目光掃視，這塊透明的地方也會隨之來回跳動，看得人心神不寧。觀眾會奇怪選手怎麼有辦法戴著這副眼鏡，在一片黑暗中打網球；駕駛戴著這副眼鏡還是能淡然駛過重重車陣，乘客則為視覺如墜「五里霧中」膽戰心驚。

然而從我們自己的角度看出去，視覺世界一切如常。眼鏡的設計讓視線無論轉向外在世界的哪個部分，都能看到細緻多彩的影像。每次眼睛跳視（從一個凝視點移動到下一個凝視點）後停駐在新的位置上，鏡片在那一點的迷霧就會散開，而且過程十分流暢，讓人根本不會注意到迷霧的存在。我們可以瀏覽文字、認出杯子是藍色的（也看得到杯上手繪花朵的細節），每次對視覺世界一有疑惑，都能自己解答，所以永遠都不會意識到眼鏡大半部分看出去都是不成形、黑白的影像，因為無論我們往哪裡看，都會看到色彩豐富的細節。

仔細一想，這種假想的眼鏡不完全屬於科幻小說的領域，我們已經真正戴著這種眼鏡了。假裝我們不是要做科幻眼鏡，而是特性完全相同的科幻隱形眼鏡好了。這種隱形眼鏡該長什麼樣子？這個嘛，隱形眼鏡方便的地方在於可以隨眼睛移動而移動，所以不用煩惱眼動追蹤技術也不用改造鏡片，只需要做一個濾鏡，把邊緣的訊息和色彩濾掉，只讓顏色和細節通過中央小窩處的鏡片。做這樣的鏡片很簡單，但也毫無意義，因為這種鏡片遮蓋的是我們本來就看不到的訊息。用完全透明的隱形眼鏡也可以，甚至完全不用隱形眼鏡也沒有問題，我們犯不著在鏡片上設計一個清晰的窗口，因為眼睛和大腦早已經自己做到了。

所以，與其說我們感覺自己住在一個色彩繽紛、細節豐富的世界，不如說我們覺得可以隨時檢查各種顏色和細節——只要眼睛一動，就可以「接觸」到各種想知道的訊息。我覺得自己知道房內角落書架上各本書書脊的顏色，但不覺得自己知道大英圖書館架上的書長什麼樣子，因為只要眼睛一動（或者一轉頭），我就會知道書架上有帶黑色條紋的薄本黃皮書、印有白色文字的藍皮書、紅色大本精裝書……但無論怎麼轉頭或瞇眼，也看不到陳列在千里之外的倫敦的書架。

回到科幻眼鏡，戴這種眼鏡的人是否會**誤以為**自己看到豐富多彩的世界？某種意義上沒錯，但從另一個角度看卻也不盡然。他們會以為自己從完全透明的鏡片看出去，不知道眼鏡只有一部分透明。不過，他們也不會誤認為但凡腦海出現什麼細節或顏色的問題，自己都能馬上回答。感覺生活在充滿色彩和細節的世界中，也許真正的意義是：我們並非知道所有色彩細節問題的解答，而是一有疑惑，能馬上找出解答（方法是視線一轉，看著視野中相關的部分找出答案）。

話說回來，如果視覺沒有玩這個把戲，我們的主觀經驗會變得十分怪異：當視線移動，世界看起來會劇烈變化，讓人無力招架。進入視覺焦點的物體會突然變得五彩斑爛，其他物體的細節和色彩則會快速消失，這顯然會造成嚴重的誤解，讓我們即使觀察完全靜止的書頁、畫作或景色，也會感覺事物不斷快速變化。

如果考慮到知覺的目的，那「大錯覺」就非常有道理，而且也是必然的現象。知覺告訴我們周遭世界的訊息——字詞、臉孔、物體、圖形的位置——還有怎麼運用這些訊息來行動。實際上，不論我們當時在觀察何處，甚至不管我們有沒有張開眼睛、人在不在現場，都不影響外在世界，外在世界一直保持相同的明確細節與豐富色彩。我們的知覺經驗就像旁白，想盡可能保持低調——我們想知道的是故事，不是說書人的觀點。

眼睛和大腦會讓我們感覺世界充滿細節和色彩，當然有它的作用——因為這個世界確實充滿了細節和色彩。但是，眼睛和大腦無法同時讓我們體驗所有精確的細節和色彩，只能「告訴」我們細節和色彩在那裡。而我們只要稍微移動視線，也能幾乎立刻看到這些色彩和細節。所以，我們感覺世界豐富多彩，其實只是感受到豐富多彩的**可能性**，覺得自己可以隨意探索感官世界，發掘各種細節[2]。

但是，有能力挖掘穩定外在世界的各種色彩和細節，很容易讓人誤解成只要看一眼，就可以同時掌握所有色彩與細節。所以，我們感覺有個豐富的感官世界，其實是在說我們可以隨心所欲、毫不費力地從眼前景像迅速找到幾乎所有細節。只要想知道朋友帽子的顏色、句子中的下一個詞、放在桌上的是哪本書，眼睛滴溜一轉，速度快得讓人幾乎察覺不出，中央小窩就對準了目標，再加上快速的視覺處理，我們就有了答案。所以我們很容易誤以為自己原本就知道答案，甚至誤以為自己對於眼前的景象、臉孔、文字，早已預先在腦中載入了一切問題的答案。

所以大腦欺騙我們是出於好意。世界是穩定的，知覺的目的就是要告訴我們這件事，所以讓我們感覺整個視覺影像的色彩和細節都是穩定的。儘管在那扇清晰窗口的範圍外，大腦和眼睛並沒有看到穩定的色彩和細節，不過在需要時可以把這些訊息都找出來。

拼拼湊湊

我們很容易把注意力想像成一束聚光燈——在空間上以雙眼為中心，有一塊清晰的範圍，範圍之外迅速陷入黑暗。但正如第二章的視網膜固定影像實驗所示，情況並非如此。大腦關注影像中有意義的部分，譬如詞彙、字母、物體及其組成，有意義的單位不一定在空間上相連，所以如果不連續的項目可以組成一個有意義的「對象」，注意力就可以盯住這片不連續的項目。因此，我們可以看到一頭動物在茂密的森林中移動，看出細密的鐵絲網後面有人，或透過雜亂的燈柱讀出遠處招牌的字（圖9展現出我們組合「不連續」元素的能力）。實際上，即使不連貫的元素無法組成一個明確的物體，我們還是能將這些元素看成一組。黃力強（目前任教於香港中文大學心理系）和頂尖的認知心理學家哈爾．帕什勒（Hal Pashler，任教於加州大學聖地牙哥分校）便從理論與實驗方面探討過這個主題。圖10是隨機塗上顏色的方格圖（這裡用不同的灰色調呈現）。請花幾分鐘檢查每列的兩個方格圖的關係是否如說明所示，彼此相同、彼此對稱，或在心中旋轉後成為另一個方格圖。這個作業不容易，必須一一檢查每種顏色的方格，但是有條捷徑，就是一次只注意一種顏色，找出該顏色構成的圖樣（如圖右所示），就能快速比較了。

這時，要挑出同色的所有方格，譬如所有紅色

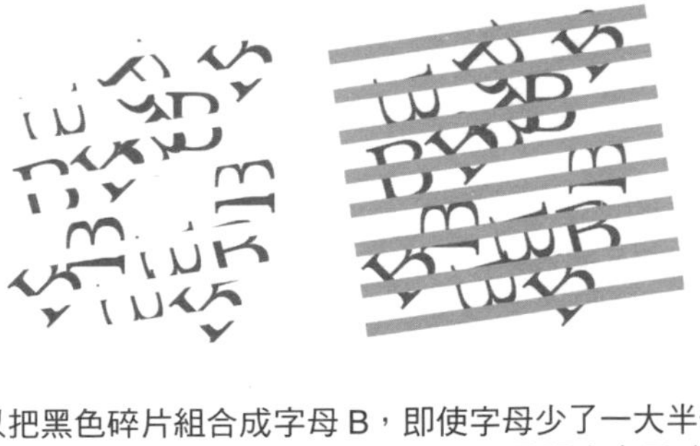

圖 9：我們可以把黑色碎片組合成字母 B，即使字母少了一大半也沒有問題。注意，如果「柵欄」明顯遮擋住影像，更容易認出字母（右圖）。而認出右圖的字母後，要看出左圖的字母 B[3] 就更加容易。

（如圖10中的淺灰色方格）的方格，看成一組，與影像其餘部分分開。如此一來，紅色方格會突然變成一個特殊的圖案，有明顯的結構（如圖右最上方，「紅色」的方格組成類似對角線的結構），然後我們就可以比較兩兩方格圖中同一種顏色的結構，判斷是否符合相同、對稱、旋轉的關係。但請注意，只要把紅色方格看成一組「圖案」，構成方格圖的其他顏色就變成一種沒有特定形狀的「背景」，就好像「抓住」同一個顏色的所有元素，從影像中拉出來檢查。所以，想知道方格圖彼此的關係，不需要逐個檢查每種顏色的單一方格，只要檢查每種顏色的圖案就好。

黃力強及帕什勒根據以上實驗與許多

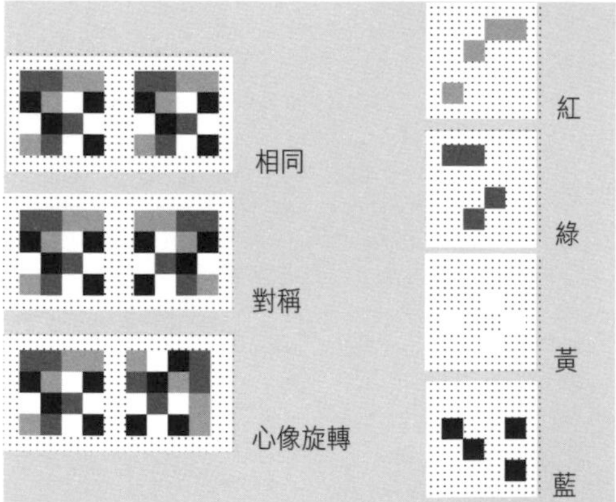

圖 10：圖案轉換[4]。

相關實驗，提出三種假設。第一種假設已在第二章討論過，也就是我們一次只能「掌握」或注意一個物體或圖案：就像我們一次只能讀一個字或認出一張臉一樣，我們可以看出紅色方格組成的圖案，或綠色的圖案、黃色的圖案、藍色的圖案，但是無法一次在心裡「保留」兩種圖案。只有掌握了一個圖案，才能操縱或轉換它，尋找相同的圖案或鏡像，或者在心中旋轉九十度，就好像視覺系統有一隻手可以伸出來，每次抓住和操縱一個圖案。如果這個假設沒錯，那麼或許可以推論到彩色方格圖之外，也就是不管是什麼物體或圖樣，我們一次都只能看到一個。

用這個觀點，就很容易解釋為什麼圖11的圖案更容易找出關聯。圖11是著名日耳曼畫家杜勒（Albrecht Dürer, 1471-1528）畫的動物，這些圖片比上面的彩色方格圖複雜得多，但我們能輕鬆快速地看出圖片彼此的關係。從「一次一個物體」的角度來看，這個結果正符合預期：因為每個圖案都形成一個單獨的物體，所以很容易在視覺上掌握，進而當作一個整體來分析、操縱，辨認圖片是否相同、對稱，或經過旋轉。

但是，如果一次只能「掌握」一個視覺物體或圖案，那每次轉移視線或注意力，觀察視覺輸入的不同部分，大腦就會持續創造、拆解這些物體或圖案。無論注意力集中在哪裡，物體或圖案就會適時創造出來，所以我們很容易有種錯覺，以為只要看一眼，就會有個豐富、細緻、多彩的視覺世界載入腦海中。

如果這個說法正確，那麼假使我們能鎖定刺激，並且完全阻止或部分阻止大腦拆解圖案、找到另一個圖案，那麼背景應該真的會「消失」。第二章提到的視網膜固定位置影像實驗的確就發現了這個情況。移動視線會改變大腦要處理的影像輸入，因此可以脫離目前的圖案，但要是移動視線無法改變視網膜接收的輸入，我們就不能再輕易地拆解

相同

對稱

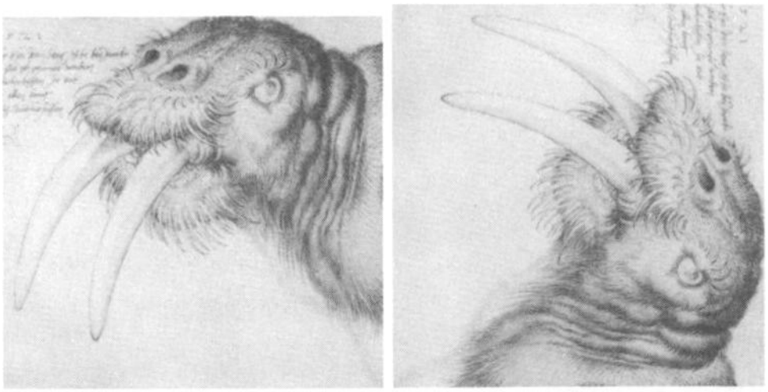

心像旋轉

圖 11：找出複雜物體的簡單轉換。我們很快就能辨認出這幾組圖片（杜勒所繪的動物）之間的關聯，和圖 10 差距非常大。

和重建新圖案，視覺影像會消失一大塊[5]。

那麼，如果大腦如法如常拆解當前的影像，會發生什麼事？會不會有一種疾病，讓人一次只能看到一個物體或圖案，並且完全看不到周圍物品的存在？的確有這樣一種神經疾病，我們之後便會探討。

黃力強與帕什勒補充了第二個假設，提出「圖案理解」這個概念：在視覺上掌握一個圖案或物體，就像是特別強調該圖案或物體所構築的空間形態（又或者說是用塑膠收縮膜，他們的比喻很貼切），所以只能「看到」那個圖案或物體。所以，在圖10的方格圖「看到」一種顏色時（例如，找出黃色方格組成的十字結構），我們其實完全「看」不到其他顏色。雖然我們大概知道其他圖案的大小和構造，但這是因為我們可以隨意轉移注意力到其他圖案，所以才隱約感覺出來[6]。

黃力強與帕什勒的第三個假設是，雖然視覺可以攫取各種不同位置的元素，但只有攫取到的元素才能在心中標記（例如，我們可以把「圖案」標示成黃色，但不能同時對「背景」標記顏色）。不僅如此，所有攫取到的元素在同一個面向上（例如顏色方面）必須有同樣的標記。由此會衍生出讓人難以置信的觀點，那就是即使見到的影像有好幾種顏色，我們一次就只能看到一種顏色。我們可以在彩色方格圖中「看到」紅色、黃色、綠色或藍色圖案，但是注意一種顏色時，其他顏色就會「消失」。這個說法符合我們從視網膜固定影像實驗導出的另一個原則——當下沒有注意的視覺訊息大部分會遭到忽略，有時甚至徹底遭到忽視。但這是真的嗎？看彩色影像時，一次只能看到一種顏色嗎？

我們已經知道，我們以為自己的視覺主觀經驗在整個視野中都是彩色的（而且細節清楚），但這種印象是錯的。但是我們還不知道，如果所有的色彩都出現在視覺中央，是否有可能同時看到不同的顏色？例如，直視圖12圓圈的中心，一定會感覺自己同時看到藍色四分之一圓中的藍色（此處以深灰色表示），以及綠色四分之一圓中的綠色（以淺灰色表示）。然而，根據黃力強和帕什勒的理論，我們其實做不到這一點：一旦在視覺上掌握了綠色，

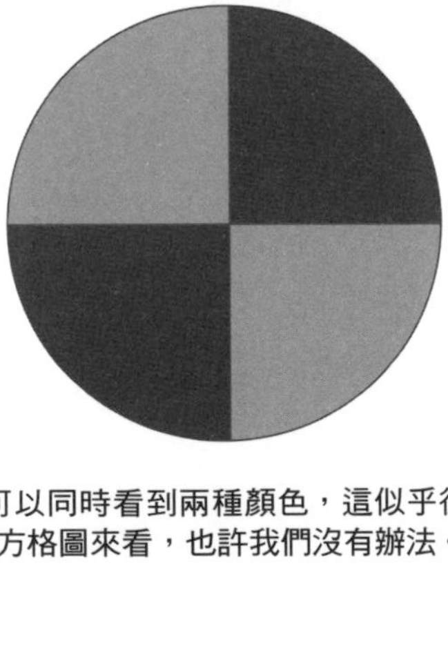

圖 12：雙色輪。我們可以同時看到兩種顏色，這似乎很「顯而易見」，但是從圖 10 的彩色方格圖來看，也許我們沒有辦法。

就必須放掉藍色。他們認為，我們無法「看到」視覺沒有直視掌握的顏色。如果確實如此，注意力一定會在藍色與綠色知覺之間不斷切換，但就是無法一次掌握兩種顏色。

為了驗證這種非常違背直覺的預測，黃力強與帕什勒調整了心理學兼認知神經學家約翰．鄧肯（John Duncan）開發的實驗方法[7]。如圖13 a所示，黃力強與帕什勒先呈現一個一閃而逝的影像，再用視覺雜訊（稱為「遮罩」〔mask〕）迅速「蓋掉」剛才的影像，來研究人怎麼感知第一個影像刺激。他們改變刺激呈現的時間長度（也就是影像被遮罩蓋掉前出現多久），測量人是否能準確判斷自己有沒有看到特定的顏色。關鍵是比較整個圓形一起出現，或者對角線的兩個彩色四分之一圓分兩次依序出現，看看這兩種情況有什麼差別。如果我們能同時「看到」兩種彩色，那同時呈現藍色和綠色部分一百毫秒，與藍色綠色部分依序出現，每個部分各出現一百毫秒，這兩種狀況下人認出綠色（或藍色）的機會應該一樣高。反之，如果一次只能在腦中載入一種顏色，那麼「同時出現」兩種顏色的情況下表現會比較差，因為大腦沒有時間在兩種顏色之間切換（如果大腦先載入藍色部分，可能就沒時間載入綠色部分，所以就看不到綠色）。令人驚嘆的是，實驗結果正如假設所預測，人是從一種顏色切換到另一種顏色。

將實驗變化一下，請受試者改成注意兩個空間位置，而不是兩種顏色（圖13b），結果與上面形成鮮明對比。在變化版的實驗裡，結果顯示我們可以同時「掌握」兩個位置，就像掌握一個位置一樣容易。當然這是有道理的，大腦必須能夠將多個位置組合在一起，即使只是看單一圖案或物體也不例外。因此不出所料，我們可以同時看到多個位置，但似乎就是無法同時看到兩種顏色，必須在不同顏色區域來回切換。只是因為切換時速度快又容易，因此產生了錯覺，以為自己能同時「掌握」一種以上的顏色[9]。

由此可以進一步做個有趣直接的推

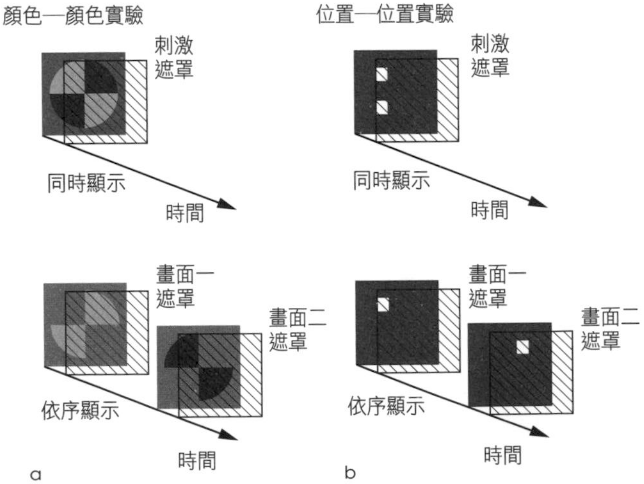

圖 13：我們能一次看到兩種顏色（實驗 a），或兩個位置（實驗 b）嗎[8]？

測：遇到顏色我們只能費力地慢慢數。如果是計算不同位置的**物件**（例如斑點），我們可以同時掌握所有物件，判斷物件是一個、兩個、三個、四個時幾乎一樣快——儘管超出四個就得花時間慢慢數了。而我們能判斷得這麼快，似乎是因為辨認出熟悉的圖案，像是三角形和正方形。但是，如果是單色、雙色、三色、四色的一整片斑點，似乎就無法一次掌握所有顏色。顏色愈多，反應愈慢，就像要從一種顏色跳到另外一種顏色[10]。

這點似乎嚴重違反了常識。原來，即使是直接凝視的物體，我們看到的豐富色彩也是一場騙局——大腦似乎一次只能編碼一種顏色（或形狀、方向）。實驗數據明擺在眼前。

根據視覺這種序列、片段的觀點，如果視覺系統受損，可能會出現一些奇特的症狀。例如，假設我們無法再對視野某個部分「問問題」，並把視線轉移過去探索，那麼對那部分的了解就會很少，或者那部分就只能出現在周邊視覺裡，看起來模糊而黑白。但是大腦會玩把戲來掩蓋這種失去色彩而影像朦朧的感覺，因為正如之前所說，大腦的目的是告訴我們世界本身的樣子，而不是大腦怎麼看這個世界；大腦也會相當合理地假設世界不是模糊、沒有顏色的。因此，即使視野中有一大部分完全沒有受到中央小窩檢視，永遠籠罩在陰影中，我們會不會還是有種錯覺，以為眼中所見一切如常，依然豐富而細緻？即使視野中有一大半我們無法探索，我們對世界的主觀知覺會不會大致上仍保持豐富完整？

視覺忽略症的患者就會表現出這種狀況。他們完全忽略視覺空間中一大片區域（通常是整個視野的左半邊），但依然覺得自己看到的視覺世界豐富完整。

在圖14中，眼動追蹤器追踪左側忽略症患者如何在一片「L」中尋找「T」，發現病人只在右邊尋找，中央小窩很少移到左邊，因此圖14中顯示的掃描路徑持續集中在右邊。臨摹通常也會受到很大影響（圖15）。視覺忽略症者在視野受影響部分的視覺處理相對正常——但他們完全不會注意這部分的視覺。而且，他們也不會注

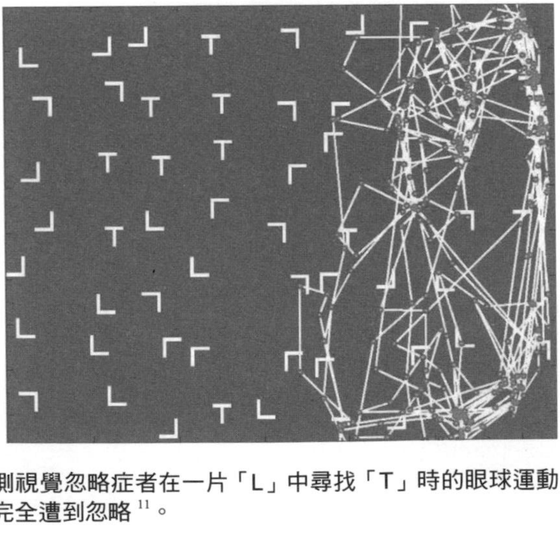

圖 14：左側視覺忽略症者在一片「L」中尋找「T」時的眼球運動。圖片的左側完全遭到忽略[11]。

意到視野裡有一大半可怕的空白，會回報主觀經驗沒有改變。事實上，視覺忽略症患者有時還會懷疑自己根本沒有視力障礙！

視覺忽略似乎是因為大腦對視野中一大部分無法處理。我們直覺認為大腦會「載入」整個視覺世界的所有細節與色彩，果真如此，忽略症患者應該會感覺內在主觀視覺遭受強烈破壞，畢竟看起來有一半的世界都不見了！但是忽略症患者的敘述通常不是這

圖 15：左側視覺忽略症患者的臨摹畫作，患者可能完全沒有意識到視野有一半消失了。但他們的基本視覺處理通常完好無損[12]。

樣。然而，根據視覺序列、片段的觀點，這個狀況正符合預期：我們只能感知自己正在處理的圖像部分，無法感知沒有處理的部分。我們不會「感覺」影像未處理的部分消失了，就像如果我們不去讀小說的後半部分，也不會感覺後半部消失。

之前說過，我認為視覺忽略是因為大腦不能再「質疑」或「探索」視野中的某一部分。那麼，如果我們無法隨意轉移注意力，然後再重新集中注意力，會發生什麼情況？這種情況下，「大錯覺」會被打破，我們會意識到視覺當下構建出的物體或圖案。但除此之外就看不到其他東西了。

這種情況不僅是假設，罕見的同時刺激失認症（simultagnosia）患者就會產生這種現象。如果在患者面前舉著一把梳子，患者會正確回報看到一把梳子；接著把勺子舉在梳子前面，形成一個十字形，患者會說只看到一把梳子。雖然勺子在視野中和梳子重疊，但是患者看不到。如果勺子和梳子垂直並排放置，患者會說看到勺子，但沒看到梳子。如果勺子和梳子直接水平放在患者前面，問患者現在看到什麼？患者會回答說，他看到看起來像是黑板的東西，上面寫了一些字——勺子和梳子都消失了（搞不好實驗者也消失了），病人的大腦鎖定了後面牆上的黑板[13]。因此，同時刺激失認症的病人能看到不同距離和大小的物體，但感覺不到視覺世界中其他部分依然存在。

直覺上，我們認為同時刺激失認症患者一次只能看到一個物體或圖案，而視覺正常的人能夠同時看到任何數量的物體；環視一下我們身處的房間，會覺得自己能同時把數十甚至數百個不同的物體「盡收眼底」，一如瀏覽書頁時，會覺得自己同時看到數百個字詞、數千個字母。但是，正如前面所示，這種想法是「大錯覺」搞的鬼。實際上，所有人都是透過一個非常狹窄的通道來感知世界，大致上一次只能看到一個詞、一件物體、一個圖案、一項性質。

同時刺激失認症相當複雜而且有多種變化，但是我猜想，或許這種病症，代表一個人無法按自己的意思感受周遭環境。同時刺激失認症患者透過一個狹窄的窗口看世界，但無法探索視覺世界其他部分，轉動眼睛，找到所需的答案。如果我想得沒錯，那麼同時刺激失認症就揭開了所有人眼中不同時刻所見世界的「真相」——這種病讓「大錯覺」消失，讓人不再覺得整個紛亂細緻的世界是一口氣進入我們的意識。

我有時候不免有些沮喪地懷疑，心理學和神經科學在過去一百五十多年來，到底真正揭開了多少人類本質的祕密？我們所獲得的進展，究竟又超出哲學思考、文學想像、一般常識的收穫多少？我們對心靈與大腦的科學研究，有多少真正與直覺想法有所不同？

我們透過仔細的實驗逐漸發現了大錯覺，這是一道有力的證據，說明直覺想法的錯誤可以有多離譜。一旦了解這個把戲，就可以看出它非常仰賴看似可靠的言語解釋。就像我的眼睛可以快速移動，為我感興趣的問題找出答案，我充滿創造力的思維也可以對自己的行為、信念、動機很快編出解釋，即時解答自己的好奇。我們不知道為什麼水窪會形成、如何供應房子的電力——然後很快發現答案浮現在自己腦海中，而且如果對解釋的任何一部分有疑惑，更多的解釋就會浮現，如此不斷反覆。我們運用起創造力實在太流暢了，所以感覺這些解釋早已存在，就儲存在我們看似深奧複雜的內在世界。但是實際上，每個答案都是當下創造的。

因此，無論是感覺經驗或言語解釋，情況都一樣。我們以為對自己心靈的內涵有最終解釋權，但其實那些想法完全錯誤。那麼，關於想像力如何運作，我們的想法是否一樣充滿錯誤，甚至錯得更離譜？

第四章　反覆無常的想像

我們腦中的意象本來就不完整並自相矛盾。誤以為我們能在腦海構建出外在世界的「畫面」，就是徹底落入了心靈深度的錯覺網羅。

想像一隻老虎，愈清晰愈好。為這頭老虎在心中創造出一張照片，最好還可以加上立體維度，產生全像圖；如果這頭老虎還會動、會咆哮，那就更棒了。人與人的想像力似乎有很大的差異，有些人說自己可以想像出滿園子嘈雜騷亂的動物，而有些人（包括我自己）即使連想像一隻也不容易。然而，閉上眼睛一會兒後，有時我心中出人意料地會出現頗真實的老虎影像，老虎有時跳躍，有時在叢林裡悄然潛行。

我們創造出非常真實的視覺心像時，多半會覺得自己創造出的「精神老虎」相當真實、細緻、多彩。我們可能覺得像在「觀看」投影到內心電視螢幕上的老虎[1]，如果創造3D立體心像的技巧出色，或許還會覺得像在心靈劇場的正廳前排座位上看著舞台上的動物[2]。「精神老虎」感覺可能不如近距離面對真正的老虎一樣生動，但是細節毫不遜色。

根據常識看法，以及許多心理學家與哲學家研究人形成「心像」（mental image）能力的理論，這種影像就像世界在我們內心形成的複製圖，或許還是3D立體圖。從這個角度來看，觀察你的「精神老虎」就像在觀察一隻老虎的照片，或者觀察一隻真正的老虎一樣。的確，「心像」似乎就像心靈在知覺過程中創造出的東西，但如果心像是由想像而來，自然沒有要感知的外在對象。

之前提過，我們直覺以為感官會在心中複製出充滿色彩與細節的外在世界，但這是一種錯覺。如果老虎就在我面前，仍然不會在我心中反映出老虎的畫面，那這種畫面自然也不存在我心中微弱模糊的老虎心像裡。這麼說來，也許心像不過就是視覺版的虛構創作。

想像一下你「精神老虎」身上的條紋，譬如說，先數數尾巴上的條紋，然後再數數身體上的條紋。對心像感興趣的心理學家和哲學家常用這項任務當暖身。這個任務出乎意料地並不容易，你可能會覺得自己的心像細節不夠，無法完成這個任務。或許可以把尾巴放大；但放大後尾巴的條紋數量，與放大之前相同嗎？而且放大以後，我還是不確定自己真的數對了嗎？感覺我的心像不太穩定，無法有可靠的答案。所以，無論心像再怎麼真實，檢查心像和檢查真實影像（例如老虎的照片）似乎還是很不一樣。

現在我們來注意更基本的東西，先不要算「精神老虎」的條紋數，改成觀察條紋在身上分布的方式。條紋是沿著鼻頭到尾巴水平延伸，還是一圈圈地環繞著身體？在老虎腿上又是如何分布，是沿著腿垂直分布，還是環繞著腿分布？最後，腿上的條紋和身體的條紋，又是如何連接在一起？為了確定自己心中看到的圖像清晰準確，你可以在紙上大略畫出老虎的輪廓，再勾勒出條紋。

完成之後，看看圖16中四種可能的情況。哪一頭看起來最像你畫的老虎？哪一頭看起來最合理？之後我們會看到真正的老虎照片（在圖21，但先不要翻過去），揭曉答案。

話說回來，還記得「大錯覺」嗎？即使一頭令人膽戰心驚的老虎站在你面前，眼睛和大腦只能抓住一連串片段的視覺影像：先看到棕黃色的毛皮，然後看到牠張開巨顎打個哈欠，然後注意到牠伸出的巨掌。因為我們一旦對老虎的外表有什麼疑惑，馬上可以很流暢地找出解答，所以覺得老虎生動鮮活。但正如前面所說，我們不是看了一眼就把所有訊息放入腦海裡，是先有需求才創造出訊息。事實上，我們連化成四等分、藍綠相間的簡單圓形影像都無法放入腦海（圖12），更不要說像老虎一樣複雜的物體了。

圖 16：老虎的條紋怎麼長？

就像有需要時我們可以找出一頭真正老虎的視覺細節，想像的老虎也是一樣——只要問自己老虎牙齒是什麼形狀、尾巴的位置、身體是不是比三人沙發還長，答案就會迸出來，和閃電一樣快。但這並不是因為你的「內在之眼」在轉動，檢查「精神老虎」的身體來了解老虎身體外觀，而是你一旦有了疑惑，心靈就會**即興發揮**，幾乎立刻解答。我們主觀覺得自己的想像很生動，覺得自己能隨意探詢、探索、操縱自己對這隻「老虎」的想像。

不論是想像或視覺影像，我們會覺得影像很生動、「涵蓋」了整個物體或場景，是因為大腦在玩把戲。

我們不會把物體或場景的訊息大量「載入」記憶中，但是只要我們對視覺經驗有什麼疑問，就可以找出解答。圖像很生動，是因為只要疑問掠過腦海（老虎的爪子是縮回去的嗎？虎口是張開還是閉起來？前腿到底在什麼位置？鼻子的形狀和顏色如何？），馬上就有了答案。如果我們面前有一頭真正的老虎或老虎照片，只要稍微轉動視線和注意力，就能流暢回答這些問題。但如果是想像的老虎，大腦要回答這些問題並不是去參考心中的畫面，而是去進一步描繪爪子伸縮、虎口虎腿的細節。

要判斷心像是假的，關鍵線索類似於之前討論言語解釋（第一章）和視覺經驗（第二章）時提到的虛構性特色：細節寥寥無幾，而且又自相矛盾。心像也有這兩個特色，例如，我們對老虎的心像不管是否生動，都非常粗略，所有細節幾乎付之闕如；我們描述的影像也會自相矛盾，待會就會討論。無論是視覺所見還是腦海想像，物體、文字、場景感覺生動，都不是因為我們在心中創造了完整精確的「複製品」——這只是另一個幻影，另一個巧妙的即興錯覺表演。

來想像一個比老虎簡單的物體。我桌上有一個框線立方體（圖17），仔細仔細看了看，不禁覺得除了外在世界那個放在我桌上的立方體實體，我心中一定還有另一個立方體，可以說是在我腦海裡的內在

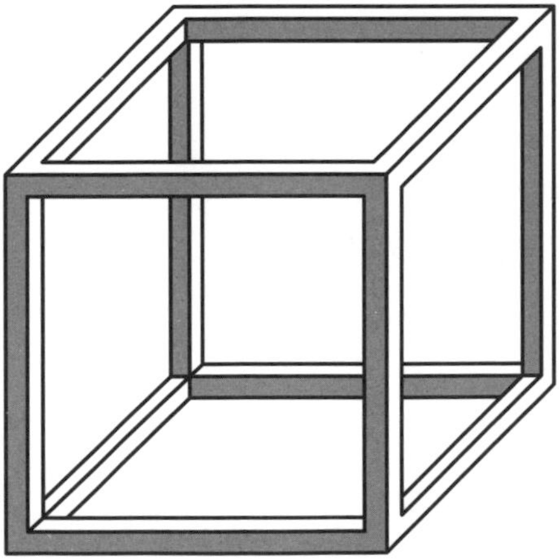

圖 17：面對線條立方體這種簡單的物體，你能在心裡輕鬆將之變形嗎？

立方體。只要我再努力一下，閉上眼睛後，甚至還可以想像立方體仍然在桌上；即使與物理的「外在立方體」斷了聯繫，「內在立方體」仍然存在。

在視覺的層次上，內在和外在世界似乎形成了對應關係，我腦海中的內在立方體大致上似乎就是桌上實物立方體的翻版。我說「**大致上**」是因為，舉例來說，實物立方體有些細節不會出現在我想像中的立方體上（例如，框架有些地方可能褪色，但從我坐的地方看不到，所以我完全不知道）。還有，實物立方體由特定材料製成（框線可能是銅做的），而假想的「精神立方體」當然不是由實際材料構成。然而，我們還是覺得內在的「精神立方體」和實物非常相近。而且，這個立方體與老虎的條紋不同，沒有複雜的細節來混淆我們，應該不會有問題。

有意思的是，內在立方體似乎有自己的生命。閉上眼睛，我可以看到內在立方體雖然相當模糊，但就在眼前；我可以想像內在立方體從桌上飄起，盤旋了一下，接著優雅地繞著垂直軸旋轉，往左邊活潑地翻個筋斗，再落到桌面上。所以看起來我可以探索一個脫離外在現實的內在知覺世界。而且，虛構的故事、奇幻文學、夢境不都說明了我們的心靈可以建構出非常豐富的內在世界嗎？

且讓我們就這個觀點仔細追問一下：

疑心病（S）：請問你是否在腦海裡生動地看到這個立方體？

探索內心者（E）：哦，沒錯，非常生動。

S：再請問你，立方體相較於桌子呈現什麼方向？

E：喔，這很簡單啊——立方體有一面與桌面齊平。

S：陰影呢？

E：什麼陰影？

S：在你完美生動的影像中，應該有光從某個地方照過來吧，譬如檯燈照亮了桌面？

E：哦，沒錯，應該有光線。仔細想想，燈光是從頭頂直射下來。

S：所以立方體一定投射出影子在桌面上囉。

E：對，我想陰影應該一直都在那裡，只是我之前沒注意。

S：請描述一下陰影。看著這些陰影，你腦海裡會出現什麼樣的圖案？

E：嗯，這個嘛，就是一些長方形和正方形，類似一種交錯的網狀圖案。我腦海中算是看得到，但是很難說出來。

S：（把紙筆交給E）也許用畫的比較容易。

E：謝謝，不過其實用畫的也很難。

S：我來幫你。想像一個立方體，用一個頂點頂著桌面，保持平衡。

E：老實說，這沒有我之前想的那麼容易。

S：好吧，我給你看一張圖片（圖18），對這樣一個簡單的幾何圖形來說，應該用不著這種提示，不過應該可以幫上忙。這算是作弊，但總之請你很快看一眼，看能不能在腦海中更生動地想像立方體。

E：好的。

S：好了，立方體有八個頂點。

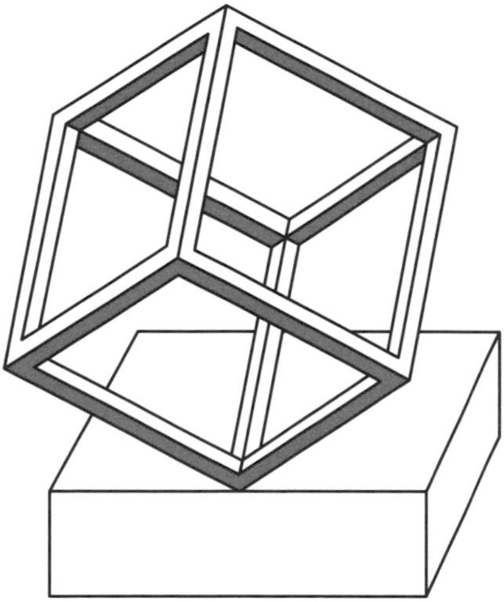

圖 18：立在一個頂點上的立方體。在直角線上相對的頂點就在底部頂點的正上方，否則立方體會翻倒。另外六個頂點的位置如何？彼此的高度相同嗎？還是高度都各自不同？還是屬於不同的「層面」？即使看著這張圖，這些問題都不容易回答[3]。

先不管「底部」的頂點（頂在桌面平衡的那個角）和「頂部」的頂點（和底部頂點相對的點），你能說說看其他六個頂點的位置嗎？假設一個水平面與其中一個頂點相交，這個水平面會與其他頂點相交嗎？

E：呃，可能會和所有頂點相交——可能所有頂點都在同一平面上。

S：這根本自相矛盾，在幾何上完全不可能！你真的有在看立方體在腦中的影像嗎？（不准看圖18！）

E：這個嘛，嗯，所以每個頂點都在不同的高度？

S：這也違反幾何原理。

E：這樣的話，可能平面是和兩三個頂點相交。

S：沒錯，和三個頂點相交。事實上，這六個頂點形成兩個等腰三角形，一個在上、一個在下。

E：哦，沒錯，聽起來有道理。現在我看到了——不知道我剛剛在想什麼。

S：如果你現在看得很清楚，應該可以告訴我這些三角形彼此的關係，對吧？

E：呃，不完全是。我不想猜了，你又會說我自相矛盾。

S：好吧，那我們看一下這個立方體其他部分。假設唯一光源來自頭頂，是立方體所在的桌子上方一盞聚光燈。你看到了嗎？如果真的有必要，你可以回頭參考圖18。

E：好，立在一個頂點上的立方體，光線在上面，我看到了。

S：現在陰影是什麼樣子？

E：呃，很多線條，交錯成各種斜斜的角度，形成歪七扭八的網狀（變得很慌張）。

S：陰影線是否相互交叉？

E：有可能。

S：線條是否形成熟悉的圖案或形狀？

E：呃……

S：（手一揮拿出圖19）這個圖案看起來眼熟嗎？

E：（臉色發白蹣跚後退，說不出話來）

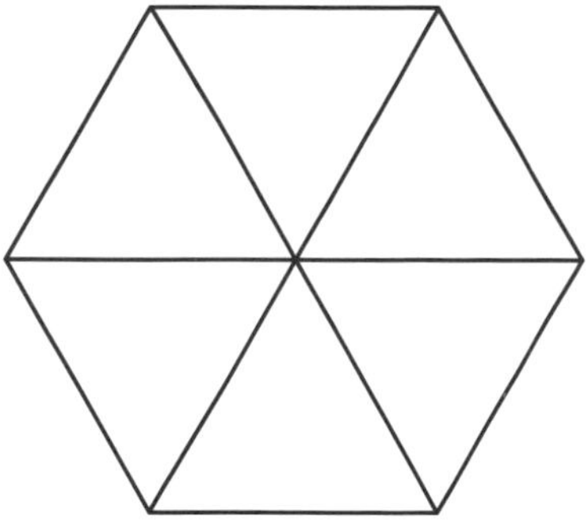

圖 19：立方體的陰影。花一點時間觀察，你會注意到這個六角形突然變得像 3D 立方體的投影。事實上，如果視線沿著連接兩相對頂點的直線看下去，立方體看起來就長這樣。

宣稱人能觀察、敘述內心的景象，這種說法在法庭上應該無法成立。可憐的E，說的話聽起來就很不可信，而且根本是一邊講一邊猜。在現實世界，無論是否有人看到，框線立方體都有影子，無論是否有人注意，這些影子都有固定的形狀。如果看著影子的形狀，人多少可以講出形狀大概的樣子。在現實世界，如果影子形成簡單的六角形，我們能觀察到也能正確說明，或許還暗自意外影子竟然是這種形狀呢。

現實世界的情況和E設法說明內心影像的情況差別非常大。

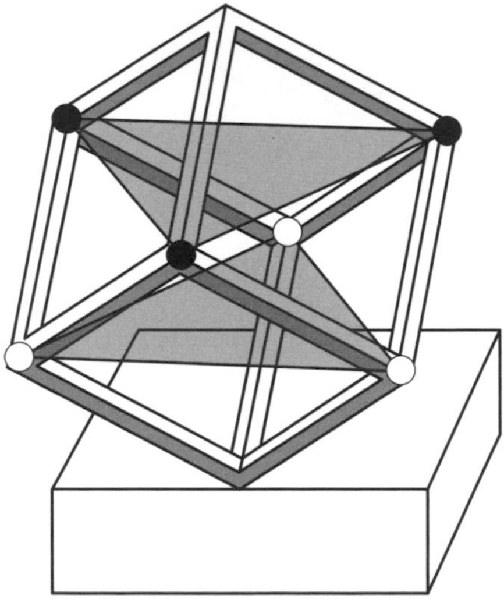

圖 20：立方體立在一個頂點上，「中間」的頂點用黑白點標出。下面的「白色」頂點形成一個水平的等腰三角形，上面的「黑色」頂點也一樣。兩個三角形「指」往相反的方向，互為鏡像。

E的說法同樣也是細節寥寥無幾，而且自相牴觸，似乎一直漏掉該有的重要視覺訊息（例如影子），也常在數學上完全自相矛盾。在心像中，首先，框線立方體所在的桌面一片空白；沒有影子，也沒有光源可以投射出影子；桌子很可能沒有特定的形狀或範圍、桌子和立方體很可能也都沒有明確的顏色、立方體沒有特定的大小。當然，一有人提到光源和影子，我們可以勾勒出這樣的心像，但只能很粗略地描繪。我們不清楚影子應該是什麼樣子，只知道一定有直線，構成某種歪斜的網狀圖案。問到六個頂點時，我們大腦更是一片混亂。圖20顯示，影子的形狀很簡單，但就只有一種可能，也就是兩個等腰三角形，一個在上一個在下。其他答案在幾何上都不可能發生，但是E很自然就提出了一個不可能的答案（就像我們大多數人一樣）。

我們直覺以為自己可以想像立方體四處移動，或許還模糊到感覺立方體下複雜的影子在跳舞，但其實那只是最粗略的描寫。問題**不是**有個內在世界，只是太多變複雜很難說明；因為即使立方體和光線所產生的圖案，以外在世界來講實在異乎尋常地簡單（上例中的六角形影子），大腦依然毫無頭緒。即使除了正確答案，其他答案顯然都違反數學原理，我們還是樂此不疲地一直猜錯。

從視覺經驗即興創造的本質來看，這些應該都不意外，我們腦中的意象本來就不完整並自相矛盾。誤以為我們能在腦海構建出外在世界的「畫面」，就是徹底落入了心靈深度的錯覺網羅。

失落的世界

我們的結論是否下得過於倉促？E的答案不完全合理，但也許是S的盤問讓他頭昏腦脹，回答才明顯自相矛盾，有敵意的法律審訊就是這樣，可以把最誠實的證人弄得六神無主。

但是這種辯護說不過去，因為我們之後會看到，想探索精神最深層的內在，往往會弄得一團糟，而且搞砸的方法都不出所料。我們的答案充滿了漏洞與不一致，為什麼？因為想像力就像視覺一樣，是一扇狹窄的窗口，提供一小片清晰的視野，從中望出去，所見並非明確、連貫的內在世界，而是我們的想像——充滿創意、微妙、聰明的想像。

最後回到老虎的條紋上，圖21是一頭真實的老虎。多數人都可以猜對老虎身軀的條紋是垂直環繞著身體，也會覺得腿上的紋路是環繞著腿分布，而不是沿著腿由上往下，不過這點比較不明顯（所以圖16左上角最接近老虎實際的條紋）。但是，你在仔細觀察心像時，是否注意到老虎的前腿**根本沒有條紋**？或發現條紋在後腿連接身軀的部分，是逐漸由水平（環繞後腿）漸漸轉換為垂直（環繞身體）？頭部的紋路很複雜，看著圖片覺得很熟悉，但大多數人完全無法根據老虎在心中形成的影像描摹。很多人也沒辦法「看到」老虎的腹部和腿內側應該是白色的。如果你覺得心中有非常逼真、細緻如照片般的影像，彷彿看到老虎在你心中的景色裡玩耍嬉鬧，現在應該要對這種感覺抱持高度的懷疑了。

但仔細想想，這樣的結果或許不意外。前面說過視覺一次只能掌握一種元素，心像也是如此。也就是說，如果想知道想像中的老虎尾巴形狀是什麼樣子，老虎尾巴的形狀立刻就出現在腦海中；如果想問爪子是伸出或收縮，想像力也會創造出答案。猜測光從

圖 21：答案揭曉：老虎的條紋。

哪裡照在框線立方體上時，我們創造了這種光源；問到光投射出什麼樣的陰影，腦海就在心中勾勒出一幅陰影的圖像（儘管前面提到這些陰影不太像真的）。我們並非在腦海中審視完整、細緻、彩色的心像，偶爾拉近焦距，偶爾左右轉移注意力。反之，我們是創造出自己的心像，一步一步、一點一滴。

且讓我們想想這些觀察對夢有什麼含意。我們很自然認為夢境是一連串不斷創造又分解的片段，回顧時會發現處處充滿矛盾與漏洞，但是做夢時覺得很逼真。一旦試著去回想，夢的不連貫立刻變得很明顯。場景甚至時間突然轉變，人的身分也會變化，冷不防出現或消失。夢的「世界」是虛構小說，由碎片與矛盾組成；而且這本小說很不成熟，沒有殫精竭慮的作者努力賦予故事某種秩序，只有一連串反覆無常、跳躍性的想像。

例如，假設我們想像和一位老朋友路德維希在夢中見面。我們通常不會記得路德維希服裝的具體細節、他有沒有戴眼鏡、最近是不是剪了頭髮。我們很容易把這種模糊怪罪給記憶力不好，特別是對夢的記憶消失得很快。但這解釋根本說不通。我們並不是忘記細節，而是大腦一開始就根本沒去分辨這些細節。還有很多問題在這個夢和其他夢境中，都缺乏有意義的答案——夢裡天氣如何？我們站的地板或地面長什麼樣子？當時是哪一年？背景噪音的性質和音量？是否聽得到汽車或火車的聲音？看得到哪些樹木或植物？樹木／植物有多少葉子？怎麼趨向陽光生長？

夢想是即興創作的故事，細節只有寥寥數筆。心靈創造夢境時，鎖定了某些特定的片段訊息，其他則幾乎完全留白。在我的夢中，路德維希是穿著牛仔褲還是他常穿的格子呢褲，就像卡通人物荷馬．辛普森肝臟的形狀[4]，或是電影中飛天萬能車（Chitry Chitry Bang Bang）的油耗量一樣，並沒有標準答案。

知覺與想像

當然，知覺與想像的產物之間差異很大。感知外在世界時，可以來回轉移注意力交叉檢查；除非正在接受精心設計的心理實驗，否則可以確信每次都會得到同樣的答案，因為外在世界由原本就存在的穩定物體組成，我們可以從各個方向檢查，合理預期這些不同的視角可以融合在一起。但是運用想像力時，就沒有這種把握了，我們腦海創造出的作品，就和奧斯卡．路德斯維德的圖片一樣不穩定——這點應該不意外。即使是最孜孜矻矻的小說家，借助每個角色背景的筆記、自己創造的地圖、想像中的家族樹，想避免自我抵觸還是很困難，總是哪裡會悄悄出現破綻。我們的思緒由即興創造出的字句與影像組成，當然更容易出現混亂和自我矛盾。

從框線立方體會改變形狀的「心像」來看，我們也應該對各種內在世界抱持懷疑。如果我們在描述旋轉的立方體時，是一邊講一邊**創造**出答案，那麼描述動機和信念的內在世界或許也是如此。實際上，在講述自己的動機和信念時，不一致的情況至少和描述腦海中立方體的程度差不多。而且同樣地，這種不一致並非因為很難探查、敘述深層的內心，而是因為根本沒有深層的內心。

很多人都想過自己做的夢是不是彩色的。但夢境就像故事一樣沒有色彩，也沒有質地紋理、背景噪音、氣味光線。我們會感覺到夢境豐富多彩，是因為一旦去想，就可以創造出感官印象，一點一滴地塑造出夢境中的知覺。但是如果做夢時碰巧沒去想路德維希褲子的顏色，那麼他褲子的顏色就是一片空白。猜想路德維希的褲子應該有個顏色，只是自己沒注意到，是種錯誤的想法，就好像說《哈姆雷特》（*Hamlet*）裡的奧菲莉亞（Ophelia）戴了一對某年向哥本哈根珠寶商買的藍寶石耳環，只是莎士比亞從來沒想過。簡言之，這混淆了現實（有許多客觀事實存在，無論我們是否知情）和虛構（大致來說，除了作者寫下的以外，不存在其他事實）。

一旦我們去想是否有未耳聞的聲響、未感受的痛苦、隱藏的動機、無意識的信念，同樣地也會混淆現實與虛構。這些虛無飄渺的感受就像路德維希褲子的顏色或所謂「精神立方體」投射出的影子一樣不真實。這種反覆無常而粗略簡陋的念頭，並非內在豐富深刻世界的投影。我們的思緒不是另一個內在現實的縮影，等待描繪與探索；這些思緒是我們自己構思的小說，時時刻刻由我們自己創作。

赫伯特・葛拉夫案例的啟示

著名的奧地利歌劇院總監赫伯特・葛拉夫（Herbert Graf, 1903-1973）剛滿四歲時，有一天與母親在街上散步，目睹了一樁可怕的事件。兩匹馬拉著一輛大馬車駛過維也納街頭，其中一匹突然倒下，瘋狂地蹬著蹄子，赫伯特很害怕，覺得馬快死了。這件可怕的事影響了個性敏感的赫伯特，他怕其他的馬也會倒下，變得害怕看到馬匹和馬車（特別是大型馬車，就像意外中的馬車一樣）。連帶對馬也產生恐懼，不只怕馬會倒下，還怕馬會咬他。赫伯特說自己特別害怕「馬戴在眼前和套在嘴上的黑色東西」[5]，大概是指那兩匹拉車馬佩戴的眼罩和籠頭。這種恐懼擴大到出門上街也會害怕，因為維也納街上充塞著馬匹和馬車。赫伯特的父母自然非常擔心。

據我們所知，赫伯特並沒有看過馬咬人，為什麼會擔心這件事？合理的猜測是，一開始的事件讓他在馬出現時非常焦慮，伴隨一些身體症狀，譬如脈搏急促、呼吸短淺、腎上腺素大量湧出，很自然地產生一個解釋：他怕馬。但是，大腦接下來需要解釋為什麼會怕馬——馬可能會對年幼的孩子造成什麼傷害，以證明這種恐懼是有道理的？這可能有各種解釋，其中一個合理的解釋就是這匹馬會咬人。

幸好，赫伯特對馬的恐懼逐漸消失，這點在兒童時期的恐懼症中相當正常，儘管有些人的恐懼症會持續下去。馬匹掙扎的可怕景象和聲音也許逐漸從記憶中消失，或被其他與馬有關的無害想法與經驗蓋了過去。

赫伯特的父親馬克斯．葛拉夫（Max Graf）是一位著名的樂評，他對兒子的恐懼做出解釋，完美示範了人有能力將充滿創意與異國情調的故事投射到相對平淡無奇的行為上。當時很流行嬰兒性欲的理論學說，他寫信給維也納當地一位醫生，說他懷疑「（恐懼症）的源頭是因為溫柔的母親引起性興奮」，對馬匹的特殊恐懼「似乎與他曾被巨大的陰莖嚇壞」[6]有關。醫生同意這個說法，認為「（赫伯特）確實是一個小伊底帕斯，想要『剷除』他『礙事』的父親，這樣就可以和他美麗的母親單獨在一起，與她同寢」[7]。根據這個觀點，因為父親是強大的情敵，所以赫伯特才害怕父親。

赫伯特的父親和醫生開始懷疑，赫伯特表面上怕馬，其實真正怕的是他父親，赫伯特尤其害怕「馬匹戴在眼前和套在嘴上的黑色東西」，實際上怕的可能不是眼罩和籠頭，而是父親的眼鏡和八字鬍。醫生更進一步寫道，赫伯特害怕出門還有一個隱藏的動機：「他的恐懼症大幅限制了自己的行動自由，這就是目的……這樣他就可以和心愛的母親一起待在家裡[8]。」即使根據他們說詞中的觀點來看，這解釋也是前後矛盾：母親不在家時赫伯特並不焦慮（他母親出門時他留在家中），即使母親在身邊，他也同樣害怕出門。因此，赫伯特似乎是害怕離開家，而不是離開母親；如果他害怕又看到馬匹倒地，會害怕出門自然有道理。馬克斯和那位醫生卻存疑，他們認為如果赫伯特只是想隱瞞恐懼症的真實根源，連自己也想瞞過去。他們的結論是，儘管恐懼症在創傷事件後立即發作，但這場事件只是觸發因素，恐懼症應該有豐富的潛意識原因。赫伯特不同意這種觀點：「不，我在拉車的馬倒地後才產生恐懼，我真的嚇了一大跳！我就這樣得到那莫名其妙的（因恐懼症被取的化名）。」

當然，即使可以用很「淺顯」的方法解釋行為，要運用佛洛伊德理論，對行為幻想出非常精細詳盡的「深層」解釋似乎不難：害怕馬匹不是因為對馬有恐怖的經驗，而是源自弒父戀母的欲望。赫伯特的父親只是精神分析的業餘愛好者，而那位醫生只根據赫伯特父親的信件，簡單和赫伯特面談一次後，就提出了這些說法。

然而，這個特殊的案例值得特別關注，因為後來成為歌劇界名人的赫伯特・葛拉夫就是著名的「小漢斯」（Little Hans）。你可能已經猜到，那位維也納醫生就是佛洛伊德本人。這個發表於一九〇九年的案例研究儘管有種種弱點，卻是精神分析典籍中非常重要的一篇。這個案例研究實在太出名了，在我寫作本書時，赫伯特・葛拉夫在維基百科的條目中，這個簡短的童年恐懼症經驗占了將近一半的篇幅，與他近半個世紀在歌劇界的傑出成就等量齊觀。

馬克斯・葛拉夫和佛洛伊德試圖窺視「小漢斯」幽暗的角落，後來的分析師也審視了這個案例，做出不同的診斷。這些殊異的診斷有個問題，不是分析師對赫伯特的潛意識內在世界有不同看法，而是赫伯特／漢斯就和我們其他人一樣，並沒有內在世界，只有心智碎片的組合。問漢斯是否潛意識中想弒父並與母親同寢，不僅是細節上的錯誤，這就像問詩人威廉・布雷克（William Blake）詩作〈虎〉（Tyger）中的老虎有多少條紋，《湯姆歷險記》（*The Adventures of Tom Sawyer*）裡的湯姆是否在星期二出生，或者〇〇七電影中詹姆士・龐德（James Bond）終身攝取的馬丁尼杯數是否為質數一樣，沒什麼意義。我們的想像力可以填補這些細節，但這些想像力的產物是虛構，不是事實。

說白了，葛拉夫和佛洛伊德的錯誤是將文學創作與心理學混為一談。他們能為赫伯特／漢斯的恐懼症創造一個故事，也可以同樣輕鬆地創造各式各樣別的故事。對他們來說，最重要的是哪一個故事最有趣、最刺激、最吸引人。事實上，佛洛伊德的案例筆記表明，他的創造力源源不絕、說的故事引人入勝，能援引對神話和藝術的豐富知識，對人類經驗創造出有趣的新觀點。但這些故事是否屬實並無真假可言。總之，雖然葛拉夫和佛洛伊德認為心理學應該是科學，但他們卻把心理學當成一種文學來實踐。

對於脆弱不可靠的心像與夢境，我們就在此打住。但故事就到此為止嗎？多數人都覺得自己心中充滿各式想法，雖然不太確定「內在世界」內涵的本質，但感覺很可能包括信念、欲求、希望、恐懼、心像、邏輯論證、道理、焦慮、快樂、興奮、憂鬱、滿足、恬淡無為或滿腔熱忱、怒火中燒或同情共感。我們對心中究竟有什麼總是迷迷糊糊，這並非偶然——一旦我們伸手觸摸，心靈特質的扎實感可能就此煙消雲散。

第五章　創造感覺

一如我們透過解讀他人表情來判斷別人的情緒，我們也透過「解讀」身體狀態來詮釋自己的情緒。

俄羅斯導演列夫・庫列雪夫（Lev Kuleshov）十九歲年紀輕輕就拍了第一部電影，之後在險峻的史達林政局下慎思謹行，終於出頭成為蘇聯影業極具影響力的人物。他在心理學上也有傑出發現（見圖22）。一次實驗中，他將俄國默片明星伊萬・莫茲克運（Ivan Mozzhukhin）的鏡頭與三個影像接在一起，分別是躺在棺材中死去的小孩、一碗湯、斜臥在長沙發上的年輕美女。觀眾都很佩服伊萬細緻的演出，認為在這三組片段中他分別表現出哀傷、飢餓、欲望。但所謂的精妙演出其實根本不存在：三組片段用的都是同一張臉部特寫，當伊萬有點木然的神情與充滿感情的場景並列，觀

圖 22：庫列雪夫效應（Kuleshov effect）：模稜兩可的表情與不同場景剪接在一起時，會產生截然不同的詮釋[2]。

眾自己對伊萬的情緒產生不同的詮釋[1]。

庫列雪夫效應（Kuleshov effect）對電影影響深遠，希區考克（Alfred Hitchcock）在一九六六年的專訪中就提到這個電影技巧效果非常強大[3]。這個效果也不只在剪接膠卷並與不同影像並列時會出現，在照片中，背景也會大幅影響我們如何解讀表情（見圖23）。

我們以為自己只「看到」臉上的表情，其實背景的角色比想像重要許多，對知覺普遍有很大的影響。舉例來說，假設把圖24中一部分獨立出來，可以有多種解釋（就像伊萬看似細緻的演技，或韋伯在圖23激動的表情），但如果放在較大的背景中來看，模稜兩可就消失了。這是因為大腦通則起了作用——大腦會詮釋知覺訊息的每一個部分（每一張臉、每個物

圖23：美國參議員吉姆．韋伯（Jim Webb）在競選活動中的照片。移去背景時，他看起來憤怒又挫折；放在競選活動背景中，他看起來快樂又意氣風發[4]。

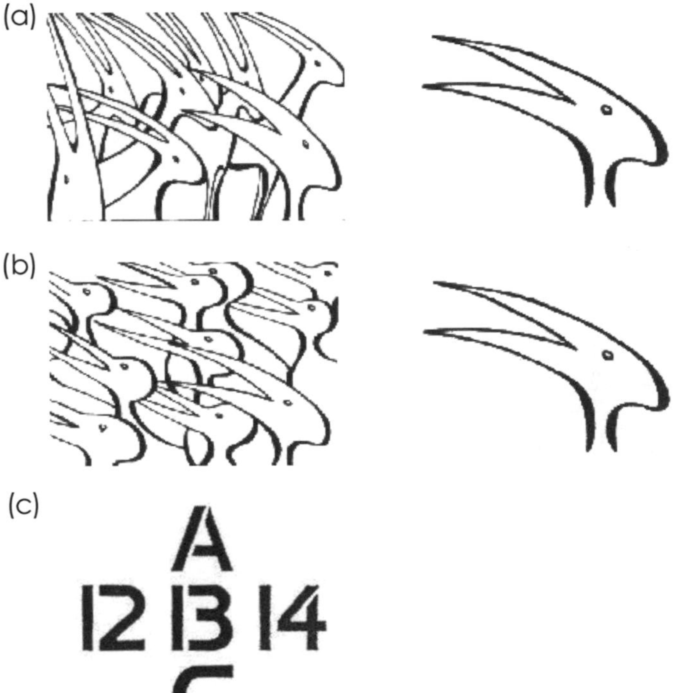

圖 24：（a）這隻動物看起來像鴨子又像兔子，在一群兔子中看起來像兔子；（b）在一群鴨子中看起來像鴨子；（c）數字和字母也有同樣的現象[5]。

體、符號等等），根據更大的背景脈絡盡可能釐清意義。

理解模稜兩可的自己

除了解讀他人的情緒，我們解讀自己情緒時，會不會也產生庫列雪夫效應？在狹義上，這聽起來很有可能。假設伊萬也看到自己表情的照片，和棺材、食物、美女並列，如圖22。他對自己（其實有點漠然）的表情很可能會有和我們一樣的解讀，覺得表情中巧妙滲雜了哀傷、飢餓、欲望。說不定他心裡還暗自為自己自然傑出的演技叫好呢！但如果伊萬以為這些照片是在他生活中拍攝的（不是在表演），他對自己的表情解讀可能也和我們一樣，覺得照片展現出最符合脈絡的情緒。

讓我們再假想一個比較特殊的情境來探討庫列雪夫效應：這次我們看不到伊萬的表情，只聽到他的心跳（或者同時看到表情、聽到心跳也可以）。出現棺材、湯、女人的影像時，我們聽到他心跳明顯加快。我們會怎麼解釋這個生理訊號？我認為會像前面的狀況一樣，心跳加快會分別被解釋為代表了哀傷、飢餓、欲望。假設我們還可以聽到他的呼吸變得急促短淺、察覺他的腎上腺素濃度上升（而且這些指標多半會同步變化），我們還是會做同樣的解讀，只是這些指標會讓解讀更有趣。

現在再來想想，我們在產生情緒的當下（而非事後回想時），是怎麼詮釋自己的情緒。我們通常看不到自己的表情，但可以察覺生理狀態，多少感覺得到自己心跳加快、呼吸急促、腎上腺素在血管裡奔流。這些反應就像伊萬神祕莫測的表情一樣模稜兩可，可能代表各種不同的感覺。

所以我們想了解自己的情緒時，或許無可避免會受到庫列雪夫效應左右。就像情緒並非刻畫在表情中，也許我們也無法仰賴身體狀態，判斷自己感受到哪一種確切的情緒？或許我們的生理狀態同樣也只是一組模糊的線索，需要解讀，而且根據情境解讀可能不同？簡單來說，也許情緒，包括我們自己的情緒在內，都不過是虛構的產物。

一九六二年，明尼蘇達大學的心理學家史丹利．沙克特（Stanley Schachter）和傑洛米．辛格（Jerome Singer）做了一項十分著名的實驗，率先為上述看法提供肯定的直接證據。實驗中，研究人員為自願受試者注射腎上腺素或安慰劑，然後帶他們到等候區，等實驗開始。等候區有另一位受試者，看來也在等人帶他去接受實驗。

但其實等候區就是進行實驗的地方，另一個人也根本不是受試者，而是主試者的「同謀」。實驗同謀會表現兩種行為，一種是興高采烈（摺紙飛機來射），另一種是生氣（抱怨等待時要填寫問卷）。比起接受安慰劑的受試者，注射腎上腺素的受試者對兩個情境都有比較強烈的情緒反應，而且最重要也最特別的是，他們的情緒截然不同。如果遇到「快樂」的同謀，受試者認為自己心跳加速、呼吸急促、臉部脹紅是因為自己很開心，但如果遇到「生氣」的同謀，受試者會把同樣的生理反應解釋成自己很不高興。

這是庫列雪夫效應的另一種表現，表明開心或生氣的情緒或許並非出自內心深處，而比較像自己當下的詮釋。詮釋時除了根據身處的情境（譬如身邊的人表現出開心或生氣），還會參考自己的生理反應（例如心跳是否加速、臉部是否脹紅）。所以，如果同謀表現得興高采烈，受試者又感受到強烈的生理激發狀態，可能就會把自己正向的感覺解釋成**強烈**的正向感覺——如此一來，自己心跳加速、呼吸急促等等現象就合理了。所以受試者會推論自己應該是情緒高昂。相較之下，如果遇到生氣的同謀，讓受試者覺得有點煩躁，受試者會把由腎上腺素造成的強烈生理反應歸咎於強烈的情緒反應，因此覺得自己不只是有點不開心而已，而是情緒暴躁、怒火中燒。

這個實驗徹底推翻了對自我情緒的直覺看法。舉例來說，我們可能會假設開心和生氣等情緒各有獨特的生理反應，也就是會產生特定的身體狀態，賦予不同情緒特有的「感覺」。若果真如此，因為注射腎上腺素等產生的生理變化，應該會引發專屬於某種情緒特有的生理狀態。因此我們可能以為，無論原本處於什麼樣的情緒，注射腎上腺素都會讓人變得比較開心（或比較生氣）。但實際上，根據我們對自己處境的解釋不同，腎上腺素造成的效果可能因此而截然不同。基本上，腎上腺素似乎讓人覺得自己產生了強烈的情緒反應，至於是什麼情緒都無所謂，只要符合當下情境就好；所以原本心情好會變得興高采烈，原本心情不好會變得暴躁憤怒。我們似乎會去解讀自己處於什麼情緒，而且解讀有一部分是根據自己的身體狀態。人通常覺得情緒來自內心，情緒引發生理反應（因為我生氣所以才心跳很快）。但實際上，人似乎是部分藉由觀察自己的生理狀態，來判斷自己處於什麼情緒。

你可能會說：等等，這個解釋不太周全吧？說不定注射腎上腺素真的會影響情緒，會**強化**情緒。也許就像一般常見的看法，情緒的確來自內心（受實驗同謀開心或生氣而影響決定），只是因為生理激發會強化（或抑制）情緒，而導致情緒的強度有所不同。為了探討這點，上述實驗有個聰明的設計：接受腎上腺素注射的受試者中，有些會被告知腎上腺素可能引發的生理反應（心跳加速、呼吸急促等等），有些則不知情（以下稱為知情與不知情的受試者）。

剛才提到的情緒反應增加，就屬於不知情受試者的反應。那知情受試者呢？如果腎上腺素只是強化情緒，那不論受試者是否知道腎上腺素的效果，腎上腺素產生的作用應該都一樣。但如果我們會根據當下生理反應解釋自己的情緒，那事先知道腎上腺素的效果就會造成很大的差別——知情受試者會把生理反應歸因於腎上腺素，比較不會因為強烈的生理反應，而受實驗同謀影響，產生強烈的情緒（雖然他們應該很難完全忽略實驗同謀的行為）。實驗結果正是如此。

你或許會覺得有點迷惘——情緒不是發自內心嗎？不是情緒先出現，然後才產生生理反應嗎？不正是**因為**情緒激動，才心跳很快？常識的確是這樣看。但也許因果應該倒過來——也許內心感覺波濤洶湧，有一部分是因為感受到心跳加快、身體發麻、臉部脹紅。我們對自己身體狀態的詮釋，決定了同一種混亂的思緒是傷痛、雀躍，還是逆來順受。

這解釋雖然與常識完全相反，卻也不是新的概念。知名的美國心理學家與哲學家威廉．詹姆斯（William James），寫了心理學史上極具影響力的教科書[6]，同時也是大文豪亨利．詹姆斯的哥哥，他很久以前就指出類似看法，認為我們遇到熊逃跑時，不是因為害怕所以才發抖，而是因為發抖才覺得害怕。當然，發抖本身不一定表示害怕，在百米賽跑、上台發表前，可能也會覺得腎上腺素飆高、心跳加速、呼吸急促。在許多需要大量注意力、努力、體力的情境下，很難判斷自己是因迫不及待而興奮，還是太緊張而害怕。不過，遇到熊逃走時，很少人會把自己的生理反應解釋成興奮激動——我們肯定覺得血液奔流、呼吸紊亂代表了害怕。

了解這一點後，沙克特與辛格的試驗看起來應該很清楚了。就像莫測高深的表情，像兔又像鴨的動物，還有**13**，人的生理狀態也一樣非常模稜兩可。大腦從身體接收到很粗略的知覺訊號，知道自己心臟怦怦跳、感應到體內分泌腎上腺素，呼吸急促等等，但這代表什麼？感知到生理狀態後，人向來都是根據在環境中哪個詮釋最合理，決定這屬於何種情緒。就像庫列雪夫開創性的膠卷剪接實驗中，同樣的表情可以詮釋成哀傷、飢餓或欲望，同樣的生理狀態「感覺」起來可以是惱火（與生氣的實驗同謀相處時），也可以是歡欣（與興高采烈的實驗同謀相處時）。因此，感覺並非自心中油然而生，這些感覺原本並不存在，而是大腦對當下的生理狀態回饋，根據所處情境，產生最適合的解釋。一如我們透過解讀他人表情來判斷別人的情緒，我們也透過「解讀」身體狀態來詮釋自己的情緒。

仔細想想，似乎也很難有其他解釋。以嫉妒來說，假設你的死對頭最近表現很好，或出國度假。但你**嫉妒阿吉最近考試第一名**，或**嫉妒小杜最近到南法莊園與蔚藍海岸旅行**時，這兩種嫉妒不可能各自有專屬的生理感覺。之所以會有各種不同的嫉妒，是因為人對於相似，甚至完全相同的生理狀態，會根據剛發生的事（例如剛聽到阿吉考試的成績，或看到小杜旅行的照片），有不同的解釋。

沙克特和辛格的實驗顯示，我們不只會把同樣的生理狀態解讀成同一種情緒的不同版本（例如對不同的事嫉妒），還可能解讀成完全不同的情緒（例如開心或生氣）。這點讓人吃驚，或許是因為這表示生理狀態（感覺的身體基礎）的「讀數」實在少得可憐。

對於生理狀態到底少到什麼程度，心理學家和神經學家看法不一。舉例來說，波士頓學院心理學家詹姆斯・羅素（James A. Russell）曾提出重要的「情感環狀模型」[7]，認為只要兩個心理向度或許就夠了。其中一個向度是**生理激發的程度**（這也是我們之前討論的重點），另一個向度則是**喜歡—不喜歡**。羅素將生理狀態的這兩個基本讀數稱為「核心情緒」（core affect）。至於經驗到什麼情緒，則根據我們對情境的理解，對核心情緒所做出的詮釋而定。所以嫉妒可能有輕微的生理激發（假設嫉妒不是太嚴重的話），然後往「不喜歡」的方向偏一點。但我之所以把這種感覺解釋為嫉妒，而非其他情緒，是因為這些變化是在我聽到對手的考試成績或看到度假照片後才發生。

對情緒的困惑由來已久。柏拉圖對許多事物的看法影響深遠，兩千多年前他也對感覺與情緒提出意見，影響了我們的看法。柏拉圖認為想法與感覺截然不同，並將理智與情感比喻成兩匹馬，分別往兩個方向跑。但這個想法一開始就誤入了歧途，**因為產生情感完全是典型的詮釋行為，因此也是典型的理智行為**。我們根據零星的生理訊息或社會脈絡，推論應該把自己身體的感覺詮釋成生氣、高興、嫉妒、羨慕。就像我們可以把別人的表情解讀為憂傷或情欲高漲，憤怒或意氣風發，可以把**13**看成字母或一對數字，可以把模稜兩可的圖案看成兔子或鴨子，同樣也可以把身體微弱的訊息解讀成生氣、開心、興高采烈，或任何一種情緒，端視我們詮釋的能力——我們也就是運用這項能力，來理解生活與世界的其他方面。

當然，有時候人會覺得感受到柏拉圖的比喻。我們會想像，也許小杜的心告訴自己：去南法度個奢華假期吧，但大腦卻說：不行，你負擔不起！結果看來他的心占了上風。但實際上，這兩股拉扯的力量並不是理智與感情，而是**兩種不同的理智**。其中一種的出發點是度假很吸引人（沒禮貌的人可能還會猜，去度假還可以讓別人羨慕）；另一種的出發點是經濟考量（包括擔心負債、害怕繳不出帳單）。這兩種理智都包含了許多感覺與情緒（欲求、希望、擔心、害怕）。所以大腦和心思的衝突並非理智與情感之爭，而是一組理智與情感，以及另一組理智與情感之間的拉鋸。

詮釋感覺

當然，你也許不同意：我可沒有詮釋自己的感覺，這些感覺是**自己出現**的。這個嘛，首先請注意，這種說法算不上論點，只是把一般看法換句話說。還有，我們之前討論過關於思考方式的其他一般看法，知道這些直覺看法可能完全不正確。我們很難不認為整個視覺世界都是五顏六色、充滿細節（「大錯覺」），也直覺以為自己想像中的視覺世界（例如第四章提到的「精神立方體」）是完整連貫的立體世界，而非朦朧、缺乏條理的簡陋描繪。然而，感覺是由自我詮釋而來，這個想法似乎特別讓人驚訝。

確實，情緒的「詮釋」觀點可能推導出聽起來很奇特的情況，尤其如果假設除了生理激發的程度外，還有其他生理層面能夠影響人對情緒的解讀。舉例來說，如果我假裝自己很高興，逼自己開心地笑、開心地跳舞。根據情緒詮釋理論，我豈不是會就此推論自己真的很開心？這肯定有問題，不但聽起來就不可能，而且這等於表示找到治療人類所有不幸的萬靈丹——只要表現得沒事，就會覺得一切都沒事了！如果有這麼方便的萬靈丹，幾千年來的文明卻都沒發現，也沒好好加以利用，那真是太奇怪了。這可能性的確微乎其微。

然而，表現出「開心」或「傷心」的動作，或許真的會影響你對自己情緒的解讀。也許我們**表現**得開心一點，生活**真的**就會開心一些。然而要小心太過頭會造成反效果，因為我們詮釋情緒的機制非常複雜。大家從個人經驗應該都知道，過分誇張地表現情緒很容易帶給別人挖苦或嘲笑的感覺（遇到這樣的人我們都覺得很不自在，不確定對方是真的高興，還是很刻薄在損人），所以，在相同的情緒解讀方式下，如果行為過分誇大，與情境落差太大，看起來可能就像在嘲諷。

這可以用來解釋一項有趣的研究。這項研究讓受試者聽一段錄音，討論學生是否應該隨身攜帶證件，有些論據很有說服力，有些則缺乏說服力。聆聽錄音時，請受試者上下擺動或左右擺動頭部（等於請受試者點頭或搖頭），告訴受試者這是為了測試耳機品質[8]。結果顯示，除了論據有說服力比較容易說服受試者，你現在應該也猜到，比起搖頭的受試者，點頭的受試者更容易被說服。儘管受試者是受人指示才點頭，也無法完全摒除一般「點頭代表同意」的影響。但這兒有個轉折：如果論據缺乏說服力，點頭搖頭的影響會反過來，點頭的人比搖頭的更不相信這段話。從詮釋性的觀點，這現象其實合乎情理。如果我看到有人邊聽一段非常沒有說服力的論點，一邊猛點頭，會覺得他看起來不是在表示同意，而是在嘲弄，無聲地表達「對啦，最好是」。就像我們根據別人的動作解讀別人的感覺，如果我們也是根據自己的動作解讀自己的感覺，那在聽顯然很牽強的論點又必須點頭時，**我**會把這個舉止**解讀**成輕蔑的嘲諷，而非真心同意。而且一旦我把點頭解釋成嘲諷，又會因此認為這些論點**真的**很牽強[9]。

所以並沒有萬靈丹——每天靠咬鉛筆或其他方法勉強保持微笑，也沒辦法保證心情愉快或神奇地紓解憂鬱。如果明明不開心，卻想表現出開心的模樣，反而很可能招致反效果——你會覺得這樣強顏歡笑很空虛，也可能反而會更憂鬱。

吊橋上的愛情

一九七〇年代初期，英屬科倫比亞大學的溫哥華校區進行了一場出色的實驗，探討外表吸引力與愛情的起源[10]。社會心理學家唐納・多頓（Donald Dutton）與亞瑟・艾倫（Arthur Aron）請面貌姣好的女性實驗人員，站在一座有點搖晃的高空吊橋一端，以及另一座低矮、堅固的石橋一端。不疑有他的男性走過橋後，女性實驗人員會將他攔下，請他填寫問卷；重點是，最後實驗人員會給對方電話號碼，告訴對方，如果之後有任何問題，可以打電話聯繫。結果走過可怕吊橋的男性明顯更受到女實驗人員吸引，打電話的人數明顯多於走第二座橋的男性。

看到這裡，你或許已經猜出是怎麼一回事了吧？走過高空吊橋後，因為高度讓人緊張，因此體內腎上腺素激增，看到漂亮的女實驗人員時，腎上腺素仍然在體內流竄。正常情況下，這些男性或許會合理地把腎上腺素較高歸因於緊張，畢竟這座吊橋很高，而且搖搖晃晃。但現在腎上腺素高升有另一個原因出現：一位充滿魅力的女實驗人員。外表的吸引力與愛情當然也可能造成腎上腺素飆高，所以這幾位男性可能自然而然地把心跳加速的感覺，歸因於受到和自己交談、請自己寫問卷的妙齡女子吸引。

我們對自己的心靈所知有限，總是努力想釐清自己的經驗，而且往往得出錯誤的結論。看起來，即使是愛情的吸引力，也並非來自心底某個最初的起源。由於當下的情境，我們不覺得腎上腺素激增是因為害怕或生氣，而是因為**墜入愛河**——大腦無時無刻都想解讀身體產生的細微生理回饋，但正如前面這項實驗所顯示，這些內在解讀很容易受欺騙。

這對愛情又有什麼啟示？有件事聽起來可能有點令人擔憂，那就是接近未來可能伴侶時，人因為緊張而生理激發程度升高（並且可能伴隨正向情緒大幅提升），但卻沒有把這個現象解讀為浪漫邂逅的副產品，而認為這表示雙方存在一種特殊的「羈絆」，或表示「另一半」的特質特別美好。當然，認為這種「跡象」代表對方就是「對的人」，這種想法不一定有錯，舉例來說，感覺的強度某種程度上反映了兩個人之間「交流」的深度。但許多初期的迷戀大都很快幻滅（這是八卦、心理治療和小說的主軸），強烈表明這種「跡象」可能遠不如我們想像那麼可靠。我們一如既往想根據零星的線索解釋自己的感覺（和對方的感覺）——但我們都很容易犯錯。

那麼，愛的「真相」到底是什麼？如果我們誤以為心靈有深度，可能不自覺以為一個人對伴侶（或希望結交的伴侶）的愛來自「內心深處」，且隱藏在另一半內心深處的也是對自己的愛（或擔心另一半內心深處愛的不是自己）。但是人又認定這些內在「感覺」神祕難解，難免有不確定或矛盾。所以，舉例來說，我們會無止盡地折磨自己，無望地去想對方是否愛我們、有多愛；也同樣徒勞地想自己內心是否真的愛對方、有多愛。然而，討論到現在，我們起碼應該抱持一點疑心，懷疑自己或心上人是否真有神祕的深層內心，能一勞永逸地解答所有疑惑。前面討論過，對所謂的「內在精神圖像」問一些非常普通的問題，像是關於「想像立方體」的光線，陰影，甚至大小，以及當下周邊視覺中物體的顏色或細節，「內心」都無法明確回答。

情緒不再真實存在：情緒是一種創作行為，而非來自內在世界。因此，看到戀人臉上稍縱即逝的表情時，我們無法真的「看到」愛、惋惜、失望。反之，我們的大腦都受限於庫列雪夫效應，往往將非常模稜兩可的表情（加上數量不等的背景資訊，例如疑慮、恐懼、希望），解讀成溫柔、心煩、一絲厭倦，或者種種其他可能。還有，我們把自己的生理狀態歸因於對戀人的感覺，其實也只是忙碌的大腦積極解釋自己為何心跳加速、呼吸急促，前一刻覺得這表示墜入愛河，下一刻又覺得這代表自己幾近絕望。

情緒和想像的確可以互相對照。正如我們相信自己可以檢查內心想像的立方體，看到它的陰影，我們也相信自己可以探詢內心最幽深之處，知道自己愛的是誰、愛得多深。但是這兩個例子中，我們都陷入了錯覺，不知道自己只是在問問題的當下，立刻編造出解答。所以，在這兩種情況下，我們都覺得答案已經等在那裡，唾手可得；的確如此，但這是因為我們能在過程中編造答案，速度一氣呵成。

我認為，相信情感不是當下創造出來，而是展露出人的內在，這種想法不僅泛濫，而且可能還很危險。人在盛怒或激動時，對自己或別人的詮釋往往最是混亂，誤以為這時說出口的字句或行動是出自內心，可能導致人過分高估這些字句或行為的重要性。幾世紀以來，在許多社會中，一句判斷不當的激烈言辭或行為可能一發不可收拾，導致分裂或結下世仇；友誼與婚姻可能毀於所謂的「真心話」或「透露內心的舉動」，因為我們以為這些話和行為不是因為對方一時沖昏頭，而是展現出背後殘酷的真相。相信自己反覆無常、善於虛構的心靈在危機當頭時會吐露心底的實話，也會導致教徒懷疑自己的信仰、勇士認為自己懦弱、良善的人質疑自己的動機。

哲學家、邏輯學家兼政治活動人士伯特蘭・羅素（Bertrand Russell）在一九〇一年秋天寫下一段文字，回憶他在某一刻似乎看穿了自己的感情：「一天下午我騎自行車出去，沿著鄉間道路騎，突然間意識到我不再愛艾莉絲了。直到這一刻，我才了解對她的愛正在逐漸消逝。這個發現透露出非常嚴重的問題。[11]」對於羅素來說，這個想法不是當下才出現（也許因為早上的工作令人喪氣，或是爭吵造成的後果），而是不容置疑地揭露了自己深藏的感情世界。結果這個解讀嚴重破壞兩人的關係，婚姻很快觸礁，儘管二十年後才離婚。當然，這場婚姻可能終歸因為其他原因以失敗收場，但是在羅素認為自己內心的靈媒下了最終判決那一刻起，他就完全相信這段關係已經結束。這種信念在他心裡牢牢紮根後，希望大概就很渺茫。

不是只有偉大的哲學家才會過分重視自己對感情瞬間的解釋。每個人都必須持續努力，才能設法把自己的思想與情緒看成瞬間的創造品，認清這只是當下的意見，而非無可否認的事實。一時的推測（「我不愛艾莉絲」、「我無可救藥了」、「這世界很可怕」）在下一刻可能變成無可辯駁的證據——前一刻還是想法，下一刻就成為想法的根據。這問題很常見，而且可能危害不小，所以還催生出一套心理健康方法，即所謂的「正念」療法，主要目的是打破前面說的錯覺，練習看出想法與感覺——尤其是與憂鬱、焦慮有關的破壞性想法與感覺——只是一時的意念，我們可以後退一步來批判或摒棄這個念頭。當然，要打破負面的思考模式並不容易，相關技巧包括密切注意並（透過呼吸練習等等）控制個人的生理狀態（例如心跳速率、腎上腺素），以便從情緒中抽離出來。但是，與羅素的婚姻一樣，如果我們陷入心靈深度的錯覺，以為情緒不是來自當下不可靠又缺乏邏輯的解讀，而認為情緒可靠地傳達內在世界的訊息，那要處理負面的思考模式就更困難了。

如果我們受到佛洛伊德式的思想吸引，認為言語和行為以非常隱晦的方式透露出內心真相，而且熱中此道的業餘人士或受過訓練的精神分析師可以神祕地破解這些真相，那麼我們對情緒的重大誤解又會加深。而且如果想抵制「小漢斯」這一類的「解讀」，對方也很容易把它說成一種自我防禦機制，甚至認為這反倒證明他們的解讀正確。但是，正如前面討論，想理解情緒、動機、信念怎麼驅動人的行為，從一開始就註定失敗。問題不在心靈深奧難以理解，而在於根本沒有深奧的心靈可以理解。

那麼這是否代表愛情是種錯覺？羅曼蒂克的愛情只不過是對雙方的想法感受以及愛

情本身在編造童話故事？當然不是！知覺與情感的心理學指出，要探尋愛的真諦，或許不應該不著邊際地探求內在自我，而應該關注當下的思考與互動模式。覺得受對方吸引，彼此扶持，在恰當的時刻分享心事、共享怦然心動的感覺與正面的感受，患難與共，這些行為不僅**見證**了深刻、真誠的內在狀態——也許這就是「真愛」的狀態——這些行為**就是**愛的本質。

尋找生命的意義

在愈來愈機械化的世界裡，隨著科學益發精確地揭開自然潛在的運作方式，人似乎更加迫切地想維護非機械、靈性、情感的價值。世界似乎受牛頓（或愛因斯坦）物理學鋼鐵般的定律支配（即使這些定律稍微受到量子力學的完全隨機性影響），要在這樣的世界中找到意義似乎很不容易。

在各種事物的意義當中，思索生命的意義似乎特別急迫也特別私人。為什麼「狗」這個詞（非常粗淺來說）代表一種「毛茸茸、肉食、馴化、中等大小的動物，會吠叫，通常是寵物」？為什麼雙黃線在英國的馬路上代表「禁止停車」？為什麼一美元鈔票，一英鎊硬幣或一張二十歐元的紙鈔有貨幣價值（而不僅僅是有重量、可以拋擲、燃燒或熔化的物體）？在這些例子中，似乎很容易假設意義是透過許多複雜的方式，由關係模式中建立起來。「狗」這個字的意義來自我們使用這個字的方式——「狗」在語言中、生活中、與世界的關係中（例如狗的存在和本質）、知覺系統怎麼對世界分類等，林林總總。但是，只是仔細看著這個字本身，就想找出這個字的意義，顯然是不可能。貨幣也是如此：實體貨幣的價值來自人與人之間極其複雜的關係，個人、商家、製造商、政府互相同意以貨幣替代商品和服務，由大量的常規、法律、防偽措施、對經濟的信任所促成。最難找到金錢意義的地方就是金錢本身（至少在英國舊時的一英鎊金幣[12]愈來愈少在市面上流通後）：無論我們多仔細研究鈔票的圖案或鑄造硬幣的合金，價值都不在紙或金屬本身。字詞不只是聲音，金錢不只是那張紙。

在自己的經歷與生命中尋找意義也是如此。因此，感情的意義不在「原始經驗」的基本特性，而在於感情在我們想法、社會互動、文化中扮演的角色。感到羞恥、自豪、憤怒或嫉妒並不是因為心中湧起某種原始的感覺。羞愧是對於某個具體的行為，自豪是因為達到特殊的成就，憤怒必須有對象，並出於具體原因，等等。當然，這些感覺連結了身體狀態（正如文字有物理形式，例如聲波或墨水寫出的圖案，或如金錢由紙張或金屬製成），但是身體狀態——腎上腺素增加、心臟狂跳——並不是情緒本身。

尋找更廣泛的生命意義，也適用同樣的道理。幾乎所有事物的意義都不在自己本身，而是來自這些事物在更廣泛的關係脈絡、因果脈絡中所占的位置。所以想知道自己是否戀愛了、是否真的相信上帝、一首多愁善感的流行歌對你來說很好聽或太濫情，應該會激勵你去思考自己的想法與感覺是否相符、與自己和他人的行為有什麼聯繫、和你過去的經歷比較起來如何等等。要解答這些問題，只對人的內心感受，甚至只針對人的靈魂進行微觀分析，根本無濟於事。

事後看來，因為人每一刻都在持續創造、再創造感情，我們可能認為感情本質上並不穩定。想尋找內在的心理基礎，也許不應該看**感覺**，而該看**行為**。但是，下一章會看到，如果感覺有助於選擇，那麼人的選擇可能就和感情一樣，容易塑造操控、反覆無常。

第六章　編造選擇

我們的信念、欲求、希望、恐懼並非早在心中，只等語言明明白白表露出來。實際上，想法和語言都是在念及思及的那一刻，才由左半腦的解讀者塑造出來。

人腦的皮質緊密交疊，像核桃一樣分成兩邊，又稱左右半球，俗稱左腦或右腦。腦的左右半球涉及不同的能力，流行心理學與管理學因此大肆宣稱有左腦思考（所謂邏輯、數量、分析式思考）和右腦思考（所謂情緒、創造、同理式思考）兩種思考，但實際情況其實模糊得多。

正常情況下，腦的左右半球合作起來輕鬆寫意，兩半球由**胼胝體**相連，胼胝體則由兩億多束神經纖維組成，負責交換左右半腦的訊息（見圖25）。

但如果分開腦的左右半球，讓兩半球獨自運作，會出現什麼情況？一九六〇到七〇代很流行對嚴重癲癇患者施行一種實驗性的治療方法，即動手術切斷胼胝體，因此讓我們有機會一窺兩腦半球獨自運作時的生活狀況。切斷胼胝體可以防

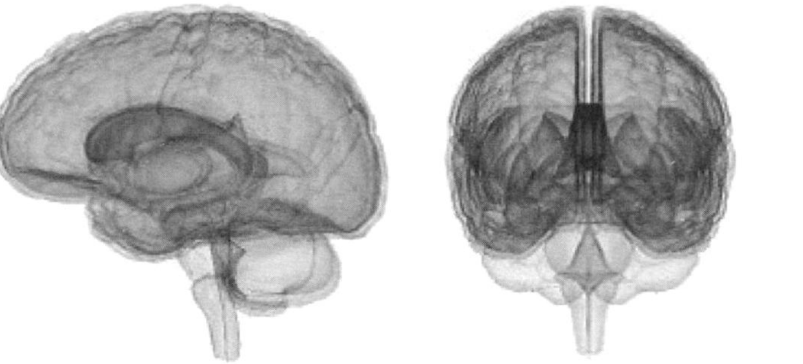

圖 25：胼胝體（深灰色部分）連接腦的左右半球，使腦能以整體順利運作。出人意料的是，即使胼胝體無法正常運作（例如經手術切斷），日常生活也可以維持正常[1]。

止異常腦電流活動傳播而癱瘓整個腦部活動，因此可以降低癲癇發作。但這種激烈的手術對患者的心智運作會造成什麼影響？患者會不會人格分裂？出乎意料地，手術影響似乎很輕微，患者可以過正常的生活，本人也不覺得主觀經驗有所變化（譬如，他們的「意識」仍然保持統一），語言智商、記憶力等等也近乎正常。

在實驗室進一步分析，發現左右兩半腦實際上是獨立運作。分腦研究先驅、心理學暨神經學家麥可．葛詹尼加（Michael Gazzaniga）曾做過一項經典的實驗。他讓一位分腦患者P. S.同時看兩張圖片，分別出現在左半與右半視野裡[2]。左手邊的圖是一張雪景，透過交叉的視神經，這張圖的影像會傳達到右半腦的視覺皮質區；右手邊的圖是一隻雞腳，會傳送到左半腦的視覺皮質區。P. S.的語言處理和大多數人一樣主要在左半腦，右半腦在獨立的情況下並沒有多少語言能力。P. S.的左半腦可以口頭報告看到什麼，流利地描述圖片上的雞爪，卻完全說不出右半腦看到的雪景。

實驗請P. S.在四張一組的圖片中，挑出一張和之前圖片有關的圖。左右腦都能完成這項工作。他的左半腦指揮右手（也是因為腦神經交叉控制）挑出雞頭的圖片，與前面出現過的雞爪配對。然後右半腦指揮左手挑出一張鏟子的圖片，與之前左視野的雪景圖配對。

但P. S.（或他的左半腦）要怎麼解釋自己的行為？他處理語言的左半腦完全不知道自己的右半腦之前看到雪景。所以看到左手（由右腦控制）挑出鏟子的圖片後，一般可能認為P. S.的左半腦什麼都沒說，或承認自己完全不知道。但是P. S.卻很聰明地解釋了自己為什麼挑這兩張圖片：「簡單啊，雞爪配雞，還要一把鏟子來清理雞屎。」說得好，可惜完全不是這麼回事。左半腦看不到雪景圖片，一點都不知道右半腦是因為雪—剷雪鏟的關聯才挑了這張圖，但還是很快編出一個聽起來很有說服力的答案。

葛詹尼加將左半腦的語言處理系統稱為「解讀者」（the interpreter），能夠編造故事，讓我們解釋自己的行為。但P. S.的實驗顯示這個解讀者是個杜撰大師，即使左腦不知道被切斷的右腦為什麼選擇鏟子（看到雪景），還是能煞有介事地編出一個解釋。

葛詹尼加還進行了另一項實驗，請另一位分腦患者J. W.看兩張字卡，一張寫著「鐘」，出現在左視野（傳遞到只有很粗淺語言功能的右半腦），一張寫著「音樂」，出現在右視野（傳遞到左半腦的語言處理區）。接著，由右腦控制的左手在一組圖片中指出了「正確」的圖片：鐘（右腦仍有處理語言的基礎能力）。詢問J. W.為何挑這張圖片，他說：「音樂喔……我上次聽到音樂，就是這外面的鐘聲在響。」他指的是實驗地點新罕布夏州達特茅斯學院圖書館固定響起的鐘聲。J. W.的大腦想解釋自己的選擇，這解釋也很不錯，只可惜也是牛頭不對馬嘴。左手選擇鏟，是因為對應的右半腦剛看到**鏟**這個字，左半腦即使不知道原因，還是自顧自地編出解釋。

所以，左半腦的「解讀者」很自然、流暢地虛構各種「說法」來解釋右半腦的選擇。分腦患者也許正因為這種能力，才能感覺心智仍然是一個整體。但有這樣的「解讀者」存在，表示即使是大腦正常的一般人，或許也是在**做出選擇**後，才自然、流暢地為自己的選擇做出解釋。我們可能以為這樣的解釋只是如實反映內心（內心深處的計畫、欲求、意圖），但也許該認真想想另一個可能：對自己選擇所做的解釋，都是充滿想像力的左半腦解讀者在事後「編」出來的。

因此，決定要說些什麼是一種創造行為，並不是心中有一座包羅萬象的信念、態度、價值觀資料庫，可以直接把裡面的答案念出來。我們產生思緒、解釋思緒的速度多半非常快、非常流暢，彷彿自問的當下心中就有了答案，所以造成一種錯覺，以為答案原本就在那裡，就等我們「念出來」，卻沒發現答案其實是**當下杜撰出來**的。

這一點和知覺非常類似。前面說過我們透過非常狹窄的窗口窺看外在世界，並且只要對外在世界一有疑惑，轉眼間就能編出答案，所以一直誤以為感覺世界很豐富。現在我們應該懷疑，內心世界看似豐富，是否也是因為我們每次自問，答案都很自然地浮現心頭？我們的信念、欲求、希望、恐懼並非早在心中，只等語言明明白白表露出來。實際上，想法和語言都是在念及思及的那一刻，才由左半腦的解讀者塑造出來。

其實你也不懂自己的心

瑞典隆德大學（Lund University）心理學家派特．約翰森（Petter Johansson）、勒許．哈爾（Lars Hall）與同事，在瑞典二〇一〇大選前夕，對選民玩了個惡作劇[3]。首先，他們訪問路人這次要投給左傾政黨或右傾黨派，然後請對方填寫所得稅率、對健保的態度等選舉重要議題的問卷。倒楣的受訪者交回問卷後，實驗人員用自黏貼紙動了手腳，把受訪者的答案調包，換成立場相反的答案卷。舉例來說，左傾選民拿回來的問卷可能變成同意較低所得稅、偏向私人健保；右傾選民拿到的問卷變成偏好較高社會福利、強調勞工權益。

受訪者拿回問卷檢查答案時，會注意到答案不同，但發現的題數不到四分之一（實際上每一題的答案都變造過）。這時受訪者會說自己一定是寫錯了，改回原本的答案。但是大多數遭變造的答案不僅沒被注意到，受訪者還很樂意解釋、辯護自己前一分鐘仍反對的政治立場！

當然，瑞典大部分選民都不是分腦患者——他們的胼胝體相當完好。但左半腦的解讀者在此似乎也在惡作劇。受訪者看到問卷上自己似乎支持低稅率，他（主要應該在左半腦）的「解讀者」就會欣然解釋為什麼低稅率在很多方面有利窮人——可以減輕窮人負擔、鼓勵企業發展。但這番說辭再怎麼頭頭是道，也不能真的解釋他原本的反應：因為他原本立場完全相反，支持高稅率。

即使沒有人搞鬼，這個發現真該讓我們好好思考一下自己平常怎麼辯護、解釋自我的言行。如果我們真的可以搜尋內心存檔的資料，重建過去的事件來解釋後來的行為，那我們一定沒辦法解釋自己沒做過的事——根據內心的資料，一定會導出錯誤的解釋。但實際情況並非如此，人可以輕鬆編出有說服力的完美說法，來解釋自己不曾表達的意見，就像解釋自己**真正表達過**的意見一樣輕鬆。老實說，我們根本搞不清楚哪些意見表達過、哪些沒表達過。所以很顯然，人並非根據內心的檔案庫解釋自己的行為，反之，解釋自己的想法、行為與行動是一種創造。而且一如心像，這種創造行雲流水，讓人很容易以為自己只是說出內心深處的答案。但是，正如我們內心一有疑問（老虎的尾巴多捲？老虎是否四足著地？爪子是伸是縮？），就會立刻再次改造、創造出心像來回答，同樣也可以在想法浮現腦際、需要解釋時，立刻編造解釋（為什麼增稅對窮人有益？

喔，因為窮人不管怎樣，付的稅都比較少，以他們負擔的稅來看，可以享有較高比例的社會福利；或者反過來，為什麼增稅會影響窮人？當然，因為他們負擔能力最差，而且增稅對經濟的影響對窮人危害最大）。無論如何，這個「解讀者」兩種立場都可以辯駁，就像律師好幫手，不論你的言行舉止，隨時都樂意幫你辯護。由此可見，我們的價值與信念肯定不如想像中那麼穩定。

這位說故事的解讀者也不盡然什麼都不記得；它會根據自己記得什麼，努力編出一套可信的說詞。它會運用、改造對過去行為的記憶——我們也就是靠著對過去言行的記憶，讓個性保持前後一致。然而，約翰森與哈爾的研究結果表明，如果實驗人員對我們之前的行為提供錯誤資訊（騙我們剛才做了別的選擇），在我們心中植入「假」的記憶，我們就會上當。

像這樣為自己不曾做的選擇辯護，稱為「選擇的盲目性」（choice blindness），而且不只限於政治。我們可能以為，有一件事的個人直覺應該根深柢固、不會改變，但約翰森、哈爾與同事還是發現了選擇的盲目性，這件事就是決定長相的吸引力。實驗給受試者看兩張一組的臉部照片（圖26），請受試者選一張覺得比較漂亮的。其中有幾次實驗人員會用障眼法，交給受試者他沒選的那一張。大多數人都不會注意到，還欣然解釋自己為什麼選這張照片，雖然他們原本選的根本不是這張。分析解釋內容（解釋長度、複雜度、流暢度）後，發現不管拿到的是不是自己原先選擇的照片，解釋並沒有差別。要受試者解釋為什麼選那張他其實沒選的照片，他們腦中的「解讀者」並沒有愣在那兒說不出話，反而會不經意地解釋「原因」，沒注意到不對勁。在照片被調包的情況下，這些解釋往往顯然是事後才想出來的，譬如：「選這張是因為她的耳環很漂亮，還有她是捲髮」，但實際上受試者原本選的女生是直髮、沒戴耳環，所以這不可能是他原本選擇的真實原因。但「解讀者」就是會在事後隨意拼湊出這一類的說法，來解釋自己的選擇。

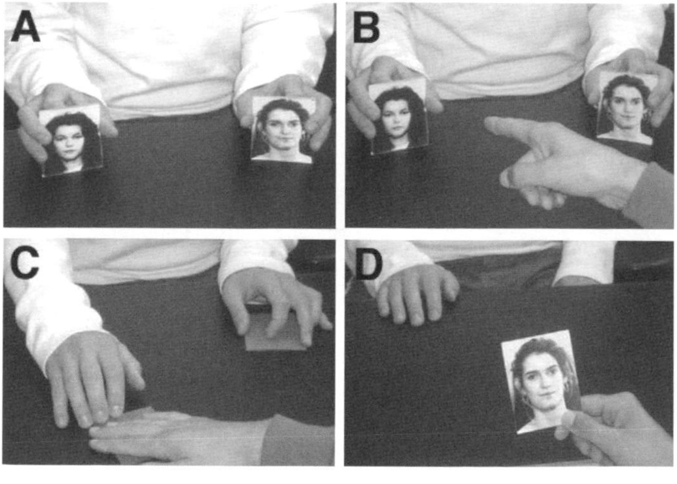

圖 26：對選中的照片動手腳[4]。

這樣的結果不僅出現在政治或長相的實驗中，也出現在口味試吃上。約翰森和哈爾在地方超市裡設了一個攤位，請人從兩種口味的果醬裡挑一種試吃。果醬的罐子經過特別設計，有上下兩個開口（兩端裝了不同口味的果醬），等顧客選擇後，可以趁對方不注意，把罐子上下顛倒再交給對方，就可以神不知鬼不覺地調包，給對方吃他們原本不想吃的口味。就像前面的實驗結果，大多數人都沒發現有什麼異樣，對自己「假」的選擇和「真」的選擇一樣很有信心。市場調查人員注意了！即使是果醬這種熟悉的東西，大多數人對自己喜歡什麼感覺依然很模糊。

說法塑造觀點

所以我們腦中流暢地編故事來辯護、解釋自己想法和行為的「解讀者」，是否只能評論、解釋過去，但無法影響我們之後的行為？事實上，解讀者不僅能解釋過去的行為，也會塑造未來的言行舉止。

再回到長相的例子。幾年前我也參與了約翰森及哈爾的研究團隊，探討錯誤的訊息回饋如何影響之後的選擇。結果發現，如果有人告訴我們（其實是騙我們），我們比較喜歡A的長相、不喜歡B的長相，之後要再從這兩人中挑一個，我們比較可能會選A。

雖然我們原本沒選A，但「解讀者」解釋了原因（喜歡她的耳環、捲髮），而這解釋本身就會影響未來的決定。也許對我們來說，保持行為前後一致更重要——我們的選擇必須讓「解讀者」可以解釋、辯護。如果第一次回答比較喜歡A的長相（不管確實如此還是遭到誤導），第二次卻改變心意，那要怎麼解釋？當然，解讀者的創造力別出心裁，可以想出說詞（喔，我剛剛沒注意到B的笑容其實很親切……我剛剛沒仔細看……剛剛不小心挑錯了），但是做一樣的選擇，實在容易多了，也更站得住腳[5]。有了這樣的想法，第二次我們就會比較傾向去選A。

政治方面呢？前面提到約翰森和哈爾騙人的政治問卷，研究團隊在受試者面前指出每個答案代表的政治立場是左傾或右傾，再把不同立場的答案數目加總，然後問受訪者打算投左派或右派政黨。這些受訪者前幾分鐘實驗開始時才表達立場，現在立場會改變嗎？奇特的是，如果剛剛給受訪者假的回饋，意圖引導他們選擇左傾立場（而且受訪者也接受，甚至為自己原本沒有的左傾觀點辯護），後來回答自己會投給左傾黨派的人明顯比較多。右傾黨派也是如此。假回饋造成的效果非常明顯，幾乎一半的受訪者都會改變立場。看來中間選民似乎比民意調查發現的多很多。

但這種想法暫時的轉變，真的會影響人實際投給誰嗎？這令人懷疑，畢竟人會認為，在投票亭投下的那一票，應該是總結了無數次政治思考的結果才下的決定。單一事件不至於產生這麼不成比例的重大影響吧？

然而，康乃爾大學在美國二〇〇八年總統大選前夕做的研究顯示，即使是最輕微的實驗操弄，也可能使選民改變心意[6]。受試者在線上做政治態度問卷調查，其中有一半的受試者問卷角落會出現美國國旗。過去研究顯示，看到美國國旗時，會暫時激起人的愛國心、關心安全議題等等，這些與美國共和黨的政黨綱領比較有關。實驗結果確實發現，問卷角落出現國旗者，政治態度會較偏向右派。這類實驗結果本身就很有意思，顯示我們不停在建構自己的喜好，以符合恰好出現在意識思緒中的想法。

你可能覺得這種效果很短暫。驚人的是，康乃爾大學的研究團隊在大選後重新聯絡受試者，發現當初問卷角落出現國旗的民眾，大選時投給共和黨的人顯著較多。網路問卷上短暫出現的美國國旗，在整整八個月後，竟然顯著改變了人實際的投票行為！這怎麼可能呢？

說起來，美國選民在建築、告示牌、鄰居家的旗桿上，不時就會看到美國國旗。都已經看了幾百次國旗，再多看一次，不可能就此打破平衡，讓人往共和黨倒吧？如果真的會這樣，每看到一次國旗就會把選民往右推，那美國整個政治戰場的焦點，就只需注意把美國星條旗鋪天蓋地覆滿每個角落（對共和黨競選活動來說），或小心不要讓國旗出現在大家眼中（對民主黨來說）就好了。

我認為這個研究應該這樣看，這種解讀有意思多了：看到國旗會暫時影響政治態度，但影響有限，而且眾多其他事件會爭相占據注意力，很快蓋過國旗的影響。但如果填寫政治問卷時看到國旗，國旗當然會影響答案，研究結果也是如此。但現在研究發現記憶可能會長時間影響行為。因為就我印象所及，之前思考政治觀點時發現自己立場偏右，所以之後比較可能採取右派立場。為了讓自己的行為說得通，我會想努力讓自己未來的想法行動與過去相符。

選擇與排除

假設無論如何，我們就是認為儘管有時猶疑不定，但內心深處其實已經存在一個不變的喜好。假設想知道我喜歡蘋果還是橘子，有個聽起來萬無一失的測試方法，那就是每次都擺出蘋果和橘子讓我選，許多次以後，再把結果加總起來，看選的蘋果多還是橘子多，多的一定就是我喜歡的水果。還有另一個方法同樣萬無一失，也是擺出蘋果和橘子，讓我剔除不想要的那一個（也就是留下想要的那一個），重複許多次後加總，看哪樣水果剔除的次數比較少，肯定就是我喜歡的水果，沒錯吧？總不可能第一種情況裡大多數都選蘋果（表示我比較喜歡蘋果），第二種情況裡也大多數都剔除蘋果吧（表示我比較喜歡橘子）？不論是取是捨，對象都一樣，這恐怕稱不上偏好吧。

然而奇特的是，心理學家艾達・舍夫（Eldar Shafir）與艾莫斯・弗斯基（Amos Tversky）發現，真的有這樣自相矛盾的選擇。他們請人在極端（同時具備極好和極差的特質）與中性的方案（所有特質都介在中間）兩者間選擇一種[7]。例如，某項研究中，受試者要決定將撫養權給「極端的父母」或「一般的父母」。極端父母的好處是：和孩子關係非常親密、社交生活非常活躍、收入高於平均；壞處是：經常出差、健康有輕微的毛病。一般父母則與孩子有正常的和睦關係，社交生活穩定，收入、工作時間、健康都屬於平均水準。在舍夫與弗斯基的實驗中，問受試者應該**給予**哪一對父母撫養權，大家多半會選極端的夫母。然而，問應該**排除**哪對父母的撫養權，大家多半也會選極端的父母！這種模式出現在多個研究中，選擇時人多半不會挑「平均水準」，而會選「極端組合」。但要人剔除時，人多半也不會剔除「平均水準」，而會剔除「極端組合」。人當然不可能覺得同一對父母既是最好的選擇，也是最差的選擇吧。

這是怎麼回事？舍夫與弗斯基認為，做選擇時我們根本不是在表達已經存在的偏好；他們認為根本不存在這種偏好。我們只是臨機應變，當下才創造出自己的喜好。臨機應變的形式有很多，譬如我們可能受平常做事的方法影響，或受其他人影響，之後將會討論。但為了下決定，我們自然得拼湊出一些**理由**，來支持或反對某個選擇。但該著重支持的理由（正面），還是反對的理由（負面）？舍夫與弗斯基認為，這要看提問人怎麼形容這項決策。

如果要選出一項東西，人多半會集中在**支持**的理由，這些理由通常會是選擇時的**正面**理由。極端的父母有較強烈的正面理由（例如，和孩子關係非常親密），所以勝出。然而，如果要**剔除**一項東西，人多半會尋找**負面**的理由，用來排除一項選擇。極端的父母也有較強烈的負面理由（例如，經常出差），所以現在反而遭到排除。

我和同事康斯坦第諾．泰索（Konstantinos Tsetsos）及馬諾斯．艾舍（Marius Usher）決定在控制環境下，研究這個奇怪的現象——取捨的對象都相同[8]。實驗請受試者挑選一種賭博方式，每個方式每次會產生一個數字，對應一個數目的金錢報酬。受試者會看到很多次這種賭法產生的各種報酬，然後決定要不要選這個方法——有點像在旁邊看人家賭吃角子老虎，再決定自己要不要下去賭。受試者每次會在電腦螢幕上看到兩或三種賭法玩的結果，不同地方會顯示一連串數字。接著問受試者：你要選哪一種賭法，也就是要選哪一串數字？

受試者會看到一系列的數字，代表各賭法可能的結果，賭法在圖中以方形表示。不同賭法有些結果分布較廣（圖27上排黑色鐘形曲線），有些較集中（圖27灰色鐘形曲線），但平均報酬率完全相同。人會偏好哪一種賭法？如果請人在結果分布廣或結果集中的賭法中**選擇**一種，我們認為人可能會特別注意正面的理由，也就是「大贏」，所以會選結果分布較廣的賭法，以經濟學術語來說，稱為「風險偏好」（risk-seeking）行為（圖27左上）。但如果請人**剔除**一種賭法，他們可能會特別注意捨棄的理由，也就是大輸。由於結果分布廣的賭法會大輸的機會也比較多，所以這次反而可能被剔除，這稱為「風險趨避」（risk-averse）行為。結果正是如此（圖27下半部）。一開始先給受試者看三種賭法（一種結果分布廣，兩種結果集中），展示多次賭博的結果，然後請他們剔除其中一種（左下圖）；接下來請他們看剩下的兩種賭法，問他們會選哪一種。一如所料，典型的結果就是在第一階段，受試者比較會**剔除**結果分布廣的賭法，但到了第二階段，卻又比較會選中結果分布廣的賭法（雖然一開始受試者已經剔除這種賭法，但我們會偷偷放回去）。因此，人有時會避開風險，但下一刻又會欣然接受風險。如果我們根據內心靈媒的看法做決定，這種行為模式完全沒道理，但如果是在當下編造理由，解釋自己

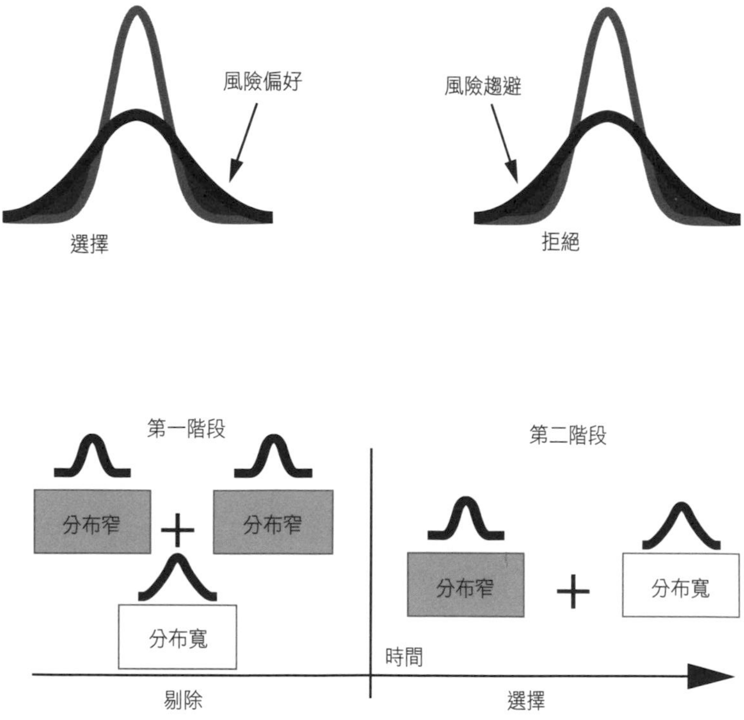

圖 27：挑選或剔除有風險的選擇。第一階段，人會剔除結果分布較廣的賭法，不久之後，在第二階段，卻會挑中同一種賭法[9]。

不同的決定，那這種行為模式就說得通了。

同樣事物有時獲得青睞、有時卻遭到捨棄，聽起來似乎很奇怪，但這現象其實並不少見。實際上，在判斷與決策、行為經濟學整個研究領域，以及社會認知眾多研究範疇裡，都出現了數不清的例子[10]。問同樣的問題、研究同一種態度、提供同一個選擇，如果問的方式不同，幾乎一定會得到不同的答案。以剛剛對風險的態度來舉例，我們注意到在用一系列數字表示賭博結果的情況下，兩種賭法請人挑一種，人會偏好風險，但請人剔除一種，人卻會趨避風險。如果單純描述（例如，「百分之五十的機率贏得一百英鎊，或百分之百贏五十英鎊？」）讓人做選擇，多數人都會避開風險。如果只講輸、不談贏，人多半會偏好風險。如果賭局規模縮小，以致大贏（或大輸）的機率都非常渺小，情況又會改觀：大贏機會渺茫時，人會偏好風險（所以人喜歡買樂透），大輸機率渺茫時，人會趨避風險（所以人會買保險）。

還有更嚴重的：同樣是金融危機，只是字面上敘述不同（漲跌、投資、賭博等等的用語差異），人的選擇就大不相同[11]；比較一個人對金錢、健康、危險運動等方面的風險態度，結果只有微弱的相關[12]；差不多可以說，對「同一個」問題每個新的說法，都可以有個完全不同的答案——每次大腦都可以編出一個新的「故事」；如果我們用不同的方法輕輕「提點」大腦一下，這個故事很可能又會略微變換了面貌[13]。

這些故事變換如果不是天馬行空的產物，只是測量不夠精準的結果，那只要反覆測量、小心推算，最終就會得到固定的答案。但這種翻來覆去的狀況卻全面而普遍，所以不管反覆測量多少次都沒有用。要估計風險偏好，最大的問題不是測量不易或不夠精準，而是人根本就沒有偏好——我們「內心深處」對於怎麼平衡風險與報酬，根本就沒有答案。同樣地，人如何犧牲現在成就未來、是否利他與利他的對象、展現多少性別與種族偏見等等，也是同樣的道理。

如果深層心智只是種錯覺，那這種情況就毫不意外了。潛伏在內心深處的信念、欲求、動機、對風險的態度，通通都是虛構：我們的行為並非顯露出內在自我，只是為了面對當下的挑戰，因時制宜、臨機應變的結果。所以根本不必想該怎麼問（你想要哪一個、你不想要哪一個），才能知道人心裡真正想要的是什麼。問法有無限多種，答案也有無限多。如果心智是平的，無論什麼方法，不管市場調查也好，催眠、精神治療、腦造影也罷，都無法找出可信的答案。不是因為我們的動機、欲求、偏好深不可測，而是因為這些動機、欲求、偏好根本並不存在。

第二部

大腦擅長即興發揮

第七章　思考的週期

大腦神經元網路採取合作運算，表示這些神經元網路或許不像傳統電腦，透過無數極其微小的訊息處理步驟來運算，而是在互相協調下，一次運行一個龐大步驟。

人類大腦雖然只是一球扁扁的神經纖維，運作所需能量只有微弱的二十瓦特，卻是宇宙中已知最強大的運算機。誠然，大腦健忘、容易犯錯、對任何事都很難保持注意力超過幾分鐘；連基本的算術都做不快，更別說邏輯與數學運算；而且閱讀、說話、推理都慢得吃力。但是大腦也有極為出色的能力：解讀變幻莫測的感官世界，執行各種需要技巧的動作，在錯綜複雜的物理世界與社交場合中探索交流。而且，大腦做這些事的能力遠遠超過一切人造物的層級。大腦這部電腦不只很了不起，亦無規則可循。

個人電腦、筆電、平板等熟悉的數位電腦，厲害的地方主要在於能以每秒數十億的超快速度，執行簡單的運算步驟。相較之下，大腦的速度實在慢透了。大腦的基本運算單位是神經元，遍布在腦中巨大複雜的電化學網路裡，互相傳送電脈衝來執行運算。神經元「激發」的最快速度是每秒一千個脈衝，但神經元即使直接負責處理眼前的任務，激發的速度多半比最高速度低許多，介於每秒五到五十次之間[1]，比起電腦矽晶片驚人的處理速度，大腦神經元挺悠哉的。但神經元慢歸慢，數量卻很多；一台電腦頂多只有幾個處理晶片，以超高速度運作，人腦則有大約一千億個懶洋洋的神經元，組成約十兆個連結。

所以，人類聰慧心靈的源頭，肯定不像電腦晶片那樣來自瘋狂執行一序列簡單的運算。人腦運算必定是透過一片緊密相連的神經處理單元，慢條斯理地彼此**合作**，從而在整片腦神經網路或整個腦部產生協調的神經元活動形態[2]。

但很難想像這樣一大片相連的神經元，可以在不出錯或互相干擾的情況下，一次對多個刺激協調出不同的活動模式。一個神經元每次激發，就會送出電脈衝給所有相連的神經元（大約可達一千個）。如果所有神經元分頭處理同一個問題的不同面向（例如對一張面孔、一個字詞、圖案、物體，分別建立意義組成的不同部分），這種機制就有助神經元彼此合作。接著，神經元可以把整體中的各部分（面孔的不同部分、一個詞彙中的不同字母）互相連接、交互檢查、修改、驗證，或許可以逐漸堆砌、整合出答案。但如果神經元各自處理完全不同的問題，彼此傳遞的訊息就會互相矛盾，什麼任務都無法完成。神經元不知道接收到的訊息中哪些和自己正在處理的問題有關，哪些又是不相干的雜訊。

所以大原則是：如果人腦運作是靠反應緩慢的個別神經元組成幾片網路，再彼此合作運算，那麼特定的神經元網路一次就只能處理一個問題。由於人腦差不多可以說是一組緊密連接的巨大網路（雖然不同腦區之間的連結密度不同），所以可以預期，腦中的神經元網路一次只能合作處理一個問題。

所以我們知道，第一部提到知覺與思考只能一步步慢慢來，一次只能處理一個詞、一張臉或一個顏色，背後其來有自。注意一組需要解釋的訊息，就是**定義問題**，讓大腦解答。問題可能各式各樣，例如從一片黑白圖案中找出「有意義」的形態、理解一段話的重點、想像自己看到立方體立在一個頂點上、回想上次去電影院是什麼時候等等，可以想成替神經元某些子集規定特定的值（value）。所以，思考的每一個步驟，便關乎透過合作運算，找出所知事物最有意義的組成方式，求得「問題」的最適解。每個步驟可能得花上數個百分之一秒，但幾十億個神經元會組成龐大的網路，運用這片網路的知識與處理能力，可達成強大無比的運算能力。

因此，人腦的運算能力固然有嚴重侷限，但也強大無比。因為可能會互相干擾，所以每個思考週期一次只能運行一個步驟，而且一次也只能處理一個問題。然而這一大片緊密相連的神經元網路中，每個神經元都互相借助彼此的能力；儘管個別神經元對整體解答只有一點點貢獻，但每個步驟都有望找出解答，解決極端困難的問題，例如了解表情的含意、在複雜的物理世界與社會環境中預測接下來會發生什麼事、統整一段話或連篇文字的意義，以及規畫並執行一連串極端複雜的動作，以擊回發球速每小時一百多英里的網球。在一般電腦可模擬的範圍內，以上每個問題處理程序都相當於數百萬至數十億微小的步驟，以難以想像的高速連續執行。但人腦採取不同的技巧：反應遲緩的神經元將問題拆解成無數個微小片段，各自找出暫時的解答，同步分享給整個緊密網路中的每一個神經元。

重點是，大腦神經元網路採取合作運算，表示這些神經元網路或許不像傳統電腦，透過無數極其微小的訊息處理步驟來運算，而是在互相協調下，一次運行一個龐大步驟。像這樣一系列龐大的協調步驟，以每秒數次的不規則節奏運行，我稱之為**思考週期**（cycle of thought）[3]。

因此，將傳統電腦與人腦類比，或許有嚴重的誤導之嫌。我們用電腦的時候，可以一邊寫文件或看電影，同時電腦還在背景搜尋大質數、下載音樂、執行天文數字的運算，或執行許多工作。這樣聽起來，人腦意識部分在做早餐、看小說的時候，在意識層面底下，或許也在進行各種深奧的思考，這種說法似乎滿可信的。但實際上人腦和一般電腦非常不同，並沒有超快的中央處理器可以分時作業，而是在大多數或所有神經元上進行合作運算，而合作運算的本質就是一次只能鎖定、解決一個問題。

如果腦中每個合作神經元網路都只能關注一個問題，那麼我們一次就只能思考棋局的一步，一次只能讀一個詞、認出一張臉，聆聽一段對話。因此大腦採用的合作式運算模式，替我們設下嚴峻的侷限。而經過數十年謹慎的心理學實驗探討，這些侷限其實都很明顯了。

如果每個腦神經網路一次只能處理一項工作，關鍵問題就變成大腦通常可以切割成多少個獨立作業的網路，分別處理自己的工作？這樣的切割是固定的，或可以主動重組，切割出不同網路來處理手邊的作業？不過，無論大腦怎麼切割神經細胞合作網路（之後會稍微探討切割的靈活度），重點是每個神經合作網路一次就只能處理一個問題。

追蹤腦神經網路圖譜、監控從事特定任務時的腦部活動，來分析腦部神經路徑，會發現腦神經網路可能彼此密切相連。這代表多工作業不會是慣例，只會是特例。

原來，意識注意不論處理什麼物體或工作，都會使用腦的很大一部分[4]，因此如果要處理兩項工作或問題，通常會嚴重互相干擾；這是因為腦的合作運算方式有礙單一腦神經網路處理兩項不同的工作。這不僅表示我們只能有意識地一次處理一個問題，也代表有意識地思考一個問題時，**即使在無意識的層次**也無法同時思考另一個問題，因為兩者運用到的神經網路有所重疊。必須有意識處理的工作或問題已經用上神經網路的一大部分，而這些神經網路一次就只能做一件事。有意識地處理工作時，沒有辦法在無意識層次持續孜孜不倦地解決需要動腦或發揮創意之類的複雜問題，因為能處理這種複雜無意識思考的大腦迴路，已經被目前的大腦意識運作「占據」了。之後會再回來講，人腦這種無法進行「背景處理」的特色有很重要的意義，足以讓我們改變對「無意識思想」、「隱藏動機」的直覺看法，不再認為人的行為是多重自我（例如佛洛依德的自我、本我、超我）彼此衝突的結果。

人腦是一組密切相連、互相合作的神經網路，這些網路的**結構**有特別重要的意義：感覺訊息傳入會遇到一條狹窄的神經瓶頸，這道瓶頸讓人無法一次處理太多事。不過之後會討論到，這道瓶頸也帶來許多有用的線索，讓我們一探意識經驗的本質。

窺探意識大腦

韋爾德・潘菲爾德（Wilder Penfield）是第一位在清醒的人身上研究大腦、進行腦外科手術的著名醫生[5]。以病人來說，這種手術只需要一點局部麻醉，應付切割顱骨的疼痛就可以了。雖然大腦可以察覺全身各處的各種痛覺（刺傷、擦傷、扭傷、燙傷或凍傷），卻沒有機制能察覺本身的損傷。所以潘菲爾德動大腦手術時，病人完全不覺得痛。

潘菲爾德手術的目的，是希望隔絕、切除患者癲癇源頭的部分大腦，減輕嚴重癲癇。癲癇發作時，會有大片神經細胞停止複雜的合作運算，轉而同步產生緩慢的腦波，並且彼此影響，不再進行平常的訊息處理工作。想像一下這個有趣的比喻：在繁忙的大城市，所有人突然放下手邊各種密切關聯的工作（買賣、閒聊、建築、製造），完全不由自主地參與一場連續不斷、協調的波浪舞[6]。波浪擴散到哪裡，工作就會完全停擺。嚴重的癲癇發作中，患者整個（或大部分）大腦皮質都受到影響，因此完全停止運作，直到大腦不知怎地自行重設為止。嚴重癲癇患者一天可能發作好幾次，令人筋疲力竭。癲癇多半從皮質某個特定區域開始散播，彷彿某一區的居民特別容易自己發起波浪舞，然後影響隔壁區的居民，最後無法抑止地擴散到整座城市。潘菲爾德的想法是，如果能想辦法隔離問題源頭，不讓它影響其他區域，波浪舞就不會傳開來，也就不會影響正常生活。在實務上，潘菲爾德發現最有效的治療方法必須相當極端：不能只是切除皮質幾個關鍵區域，就像切斷幾道橋樑或幹道那樣，而往往必須切除大片的腦皮質，就像圮平城市整個區域（見圖28）。

很難想像有什麼事，比只接受局部麻醉就要切除許多腦區還要可怕。但後來發現施用局部麻醉非常重要：手術中會用電流刺激不同腦皮質區，患者保持清醒才能提供充足資訊，以了解該區域的功能。有些皮質區的功能比較重要，因此局部麻醉可讓潘菲爾德動手術時，盡可能避免無意間造成患者癱瘓或喪失語言功能。這種手術相當特別，醫生一邊切除患者大量腦皮質區，一邊全程與患者交談。患者不僅全程保持清醒，而且對話多半都很流暢，沒有說自己意識經驗受到影響，也沒有表現出受影響的跡象。

也許有人會說，那是因為這些皮質區本來就和意識思考沒有關係。但是其他各方證據顯示並非如此。例如，第三章提到有位視覺忽略症患者，經常對一半視野內的影像沒有視覺意識；而他缺乏視覺意識的區域，正好就對應到曾受損的視覺皮質區。同樣地，有些患者因為處理色彩、動作、味覺等等的大腦皮質受損（多半因為

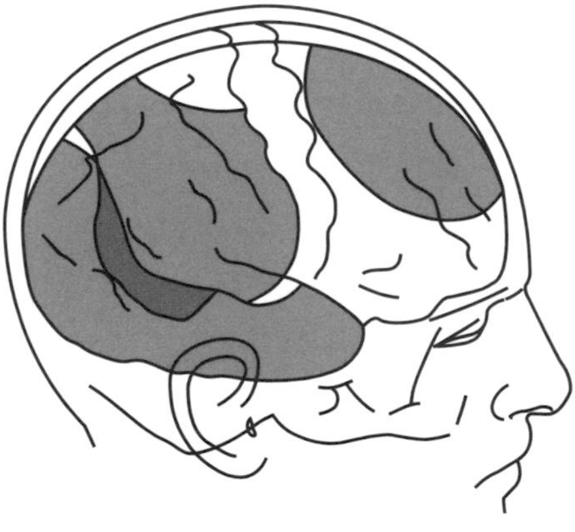

圖 28：潘菲爾德三位癲癇患者移除的腦皮質，表示在同一張圖中。圖中腦前額部分的切除區域標註在右邊以利顯示，但實際上是位在左邊，呈鏡像關係[7]。

局部中風），結果影響相關的意識經驗，例如色彩知覺異常、覺得世界斷斷續續地一下靜止、一下又忽然動起來，或者說自己失去味覺。簡單來說，腦皮質訊息處理組織似乎直接對應我們經驗到的意識現象。潘菲爾德也以電流刺激患者不同區域的腦皮質表層，獲得新的直接證據，表明腦皮質與意識間的關係密不可分。這些電流刺激經常影響患者的意識經驗，而且影響方式極具衝擊性。對不同區域施加不同的刺激，患者通常會回報視覺經驗、聽到聲音、幻覺，甚至還有整段回憶（最有名的是某位患者在一次電流刺激大腦時，自己開口說出非常明確的經驗：「我聞到麵包烤焦的味道！」）

所以為什麼刺激大腦區域會引發意識現象，切除相同的腦區卻完全不影響意識經驗？潘菲爾德認為，這是因為意識不是位在腦皮質表層，而是在與該皮質對應的腦部深層結構；具體來說，是在演化上較古老的「皮質下」結構，這些結構位在大腦核心，由皮質包裹。

大腦的構造或許提供了初步線索。皮質下結構（例如視丘）有許多神經纖維向外放射，連接四周的腦皮質，讓訊息可以雙向傳遞。特別的是，大多數感覺訊息會先通過視丘，才傳達到腦皮質；訊息還會反方向從皮質向下傳送到深層皮質下結構（大致可稱為深層結構），引發動作。深層結構就像感覺世界與大腦皮質的轉播站，也是皮質往動作世界的轉播站。或許，這些深層結構的某個地方，就是注意力的關鍵瓶頸，通過瓶頸的訊息才會進入意識。

近年來，瑞士神經科學家比雍・默克（Björn Merker）加以發揚、延伸了潘菲爾德的觀點[8]。默克強調，有多項更進一步的觀察符合潘菲爾德的猜測，即必須有多個皮質區與腦部深層訊息處理的瓶頸相連接，才會產生意識經驗。假使意識經驗是由，比如說，腦部深層的皮質下結構控制，或許就是這些結構負責控制意識有無；具體來說，這些深層結構就像清醒與沉睡之間的開關。這樣的開關似乎真的存在，至少，用電流刺激動物特定的深層結構時（尤其是網狀結構），整個腦皮質活動會急遽減少，動物會陷入靜止狀態[9]；以手術切除深層結構，動物會昏迷，就好像沒辦法醒來。相較之下，即使切除大塊腦皮質，動物和人類還是可以保持清醒。

腦的深層結構如果暫時受到干擾，會不會讓這個「開關」暫時關閉，使人在幾秒鐘或幾分鐘內突然喪失意識？默克研究潘菲爾德的論點，指出癲癇有一種「小發作」，或稱「失神性發作」，似乎正具備這樣的特色。小發作的患者在日常活動中，會突然雙眼發直，對周遭環境完全沒有反應。如果正在走路，患者會慢下來然後站住不動，如果本來在講話，患者可能還可以說幾個字，但多半會愈講愈慢然後完全安靜；如果原本在吃飯，可能叉子會插著食物舉在半空中。在患者「失神」時想喚醒他們通常沒有用，不過偶爾可能讓患者突然「清醒」過來。通常患者不久就會自己恢復意識，多半只經過幾秒的時間。奇特的是，他們通常不會馬上知道自己剛才癲癇發作，意識似乎從剛才突然斷掉的地方毫無縫隙地接了起來，在患者的眼中，方才時間彷彿靜止了。具體來說，患者在「失神」的這段時間完全失憶。

記錄患者「失神」期間的腦皮質電位活動，發現癲癇典型的緩慢腦波形態，但似乎是癲癇一發作，整個皮質表層就同時出現這種同步的腦波形態，而不像其他癲癇發作那樣，從某個區域逐漸推展到其他區域；也就是說整個城市一起開始波浪舞，而不是從一區漸漸擴散到周邊區域。這表示可能有個外在的溝通訊號，可能是廣播系統，在同時指揮所有人一起行動。潘菲爾德認為，扮演這個指揮角色的，正是透過許多神經纖維與皮質表層相連的下皮質腦結構。

潘菲爾德手術時以電流刺激腦區，所獲得的結果提供了進一步的證據。潘菲爾德對病人使用電流刺激時經常會引起癲癇發作，畢竟他的病人都患有最嚴重、發作最頻繁的癲癇，否則也不會被轉介來進行這麼極端的手術，所以這些患者的大腦不意外地很容易引發出癲癇。然而，有一種癲癇潘菲爾德從來不曾引發過，那就是失神性癲癇。對大腦皮質施以電流刺激，從來不曾讓大腦皮質在彈指間全面中斷，潘菲爾德認為，這是因為意識的「開關」不在腦皮質表層，而是在腦部深處。

說到大腦與智慧，我們會想像大腦皮質表層就像核桃一樣布滿紋路，就包在頭蓋骨下。腦皮質對人類確實非常重要。許多哺乳類，譬如大鼠，其腦皮質相較於大腦其他部分，面積並不大。但在靈長類，例如黑猩猩和大猩猩，皮質就是最主要的部分，人類的皮質面積又更驚人。然而，皮質卻是透過深層的皮質下結構接收、送出訊息，而這些皮質下結構或許決定了延綿意識的內容，甚至決定了我們有沒有意識。

思考一下知覺如何與行動連結，或許有助了解其中的運作。假設要摘樹上的蘋果，大腦必須先注意到可以摘的蘋果，判斷蘋果是不是夠熟而且還沒腐爛，或許還要穿透層層枝葉找出能摘的蘋果；接下來大腦要計畫一連串的動作，才能順利抓住蘋果，從枝條上摘下來。或者，以人為單位來看，也有可能只是要告訴別人該摘哪一顆蘋果，或只需要在心裡描述這顆蘋果。無論如何，動作都必須與這顆蘋果的視覺輸入連接，而且不同的視覺輸入（譬如從枝葉間看到蘋果的不同部分）必須整合成一體。伸手摸到蘋果時，對自己手臂的位置，還有穿過枝葉、摸到蘋果表皮的感覺，也都必須和視覺輸入連結（這樣才知道我們抓到對的蘋果）。這一切資訊又必須和記憶連結，譬如記得剛才決定要摘蘋果（而且可能決定只摘特別熟的蘋果），記得之前看過的蘋果、枝葉長什麼樣子（才能認出蘋果和枝葉），而且可能還會想起小時候摘蘋果的往事、與蘋果有關的農業與生物知識，諸如此類。伸手摘蘋果這個動作本身可能就很複雜，不只要協調一隻手臂與手掌，可能還要伸長身子、踮起腳尖，調整姿勢保持平衡。

這些動作大致上是一個接一個完成，但每個動作都需要整合大量的感覺、記憶、人體運動系統的資訊。所以腦中的深層結構或許就主掌訊息整合，負責探尋週邊多個腦皮質區，處理感覺訊息、記憶、控制身體動作，用來解決同一個問題。所以，思考就像動作一樣，一步接著一步，循序漸進。

雖然腦的深層結構（而非皮質）可能才是意識經驗必須通過的瓶頸，但是皮質和腦的深層結構彼此雙向連結，所以用電極刺激或其他方式活化皮質，應該也會影響意識經驗。皮質特定區域突然大量活動，可能送出訊號到腦的深層結構，打亂或甚至蓋過深層結構目前的活動，造成奇怪的感覺或片段的記憶等等。但重點是，即使少了一整區的腦皮質，除非這區皮質剛好直接涉及當下的心理活動，否則人可能完全不會察覺，意識經驗也不會受到一丁點影響。潘菲爾德的觀察結果正是如此：以電流刺激患者的腦皮質時，患者會說自己出現奇特的片段意識經驗，例如聞到麵包烤焦的味道；但潘菲爾德切除腦部大片區域時，患者的意識經驗卻沒有絲毫異樣。

同樣地，視覺忽略症患者的某區腦皮質受損或完全失去功能，這片皮質對應到視野的一大部分，但患者完全不覺得自己的視覺受損，這也可以用前面的觀點來解釋。也許，我們只能意識到自己當下關注的特定任務。所以，視覺忽略症患者在摘水果的時候，只會注意完好視覺皮質負責處理的視覺訊息，並透過腦部深層結構，將訊息與記憶或肢體運動系統連結，就和視覺處理能力正常的人一樣。如果水果在視覺中投射到「失明」的視覺皮質區，患者當然不會去摘這些水果，或描述這些水果。所以這些患者的視覺主觀意識，儘管時時刻刻都完全正常，但只會集中在，比如說，視野的右半部。

大腦**隨時**都在全力解釋當下接收到的資訊。人的意識，甚至可以說整個思考活動，似乎都需要循序通過狹窄的瓶頸，也就是腦部深層的皮質下結構。這個結構會去尋找感覺輸入、記憶、肢體運動輸出的固定形態，從中協調，而且一次只能進行一個步驟。大腦的任務就是時時刻刻將不同的訊息連結、整合起來，然後立刻採取行動。當然，大腦在處理過程中可以儲存新的記憶，也可以運用過去處理時保存下來的豐富記憶。

所以大腦**無法進行背景處理**的說法，在這裡再次得到驗證。最起碼，神經科學也沒有發現任何跡象，證明大腦真的會在背後快速運轉，尋思、評估、推理我們完全沒在注意的事情。大腦似乎比較會全神貫注理解當下的經驗，並產生一連串的行動，包括產生語言（無論是說出口或在心中自言自語），而這些整合、轉換的活動都必須通過狹窄的意識瓶頸。因此，大腦**一次只能解決一個問題**。

對於大腦合作運算的運作方式，現在有了初步的解答。從潘菲爾德與默克的觀點，大腦接收的問題、提供的解答都會呈現在視丘等皮質下構造中，這些構造是腦皮質與身體感官、運動系統的轉播站，等於是大腦與外在世界之間的門戶。並且可以推論，問題與解答主要都涉及感覺與運動的組合結構；由於皮質下構造與大腦皮質間有密切的雙向連結，這些連結便成為合作運算的網路，可以解答皮質下構造提出的問題。然而，儘管皮質在處理視覺訊息、規畫運動、運用記憶方面占有要角，這些腦部大規模合作運算的結果必須抵達皮質下的「門戶」構造，我們才能意識到這些運算結果。因此，產生意識經驗的地方並不是腦皮質，而是皮質下構造。

思考週期的四大原則

以下用圖片（圖29）及四大原則，說明心智運作的大略方式。第一個原則，**注意力是詮釋的過程**。大腦隨時都會鎖定（以平常的用語來講，就是「注意」）一組目標訊息，想辦法組織並解讀。目標訊息可以是感覺經驗、一段話，或片段的記憶[10]。圖29說明大腦對一個複雜的刺激，暫時鎖定在「H」這個部分上。不久後，大腦可能轉而鎖定其中的「B」。重點是，大腦一次只能鎖定一個目標，這表示「H」和「B」共用的那條線，在不同時刻可以解讀為屬於「H」或屬於「B」，但不能同時屬於「H」和「B」。根據潘菲爾德和默克的猜測，可以推論這些訊息會呈現在大腦深層的皮質下結構中，由於皮質下結構和整個大腦的皮質都有連結，所以可以運用過去所有記憶和知識，從眼前的目標中找出意義。前面提過，我們可以鎖定各種資訊，並加以整合；根據這些資訊，加上豐沛的創造與想像力，可以在世界中找出意義，但條件是一次只能創造一種意義模式。

第二條原則與意識的本質有關，即我們唯一的意識經驗，就是對感覺資訊的詮釋。大腦對感覺輸入的「詮釋」結果，就是「意識」。我們知道大腦對世界的詮釋，但卻無法意識到詮釋所根據的「原料」，以及詮釋過程本身（來自皮質各處的訊息組織在一起，呈現在腦深層結構中，就是意識經驗；我們無法直接意識到皮質的活動）。所以圖29中，我們可以看到「H」或「B」，但對於這兩個解讀如何產生，卻是毫無所悉。

知覺都是這樣產生：光線落在視網膜上，觸發光敏感細胞，細胞以某種模式激發，

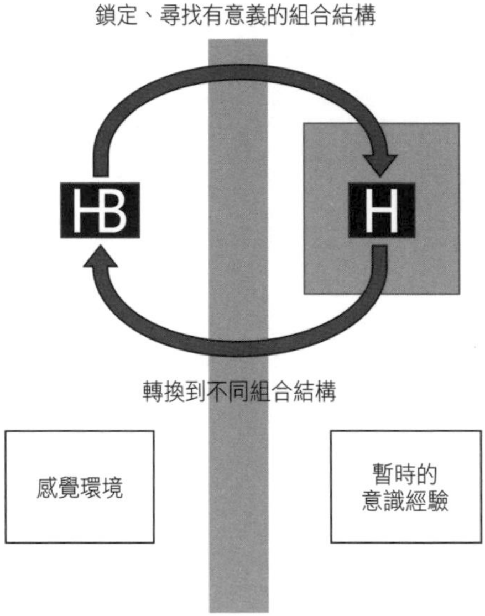

圖 29：思考週期。
上方箭頭：大腦鎖定視覺刺激的一部分並加以組織，讓我們可以意識到這個組合結構並報告。
下方箭頭：然而，大腦（與雙眼）會不斷脫離目前的組合結構，鎖定影像其他的部分。這個循環過程快速流暢，所以我們才能意識到複雜圖案甚至整個場景的所有細節與色彩。意識由一連串的感覺結構組成，但只侷限在圖中灰色方塊的部分，無法觸及感官接收的訊息（圖左半部分），也無法知道資訊解讀的過程（弧形箭頭部分），或大腦如何透過轉移注意力（可能移動視線，也可能不移動）等方式，鎖定不同的資訊。

我們因此「看到」物體、人物、臉孔。內耳偵測震動的細胞以某種複雜的模式激發，我們接收到這個活動模式，因此「聽到」人聲、音樂、馬路上的噪音。但光靠著內省法，沒辦法知道這種有意義的解讀從何而來——大腦是如何從神經系統一連串不協調的波動中，解讀出周遭這個穩定、有意義的世界呢？我們只能「體會」到穩定、有意義的世界，只能體會結果，無法體會過程[11]。

目前為止，講到察覺意義，我們都只討論感覺訊息。第三個原則就是：**所有意識思考都涉及對感覺訊息做有意義的詮釋**，我們無法意識到「非感覺訊息」，不過還是可以意識到「非感覺訊息」的「感覺結果」（意即，我無法意識到5這個抽象數字，但可以感受五個點、符號5的形狀等感覺表徵）。歸根究柢，大腦深層結構負責把感覺訊息轉傳到腦皮質，如果深層結構就是產生意識的所在，那意識經驗就只會是感覺經驗。

主張我們只能察覺感覺經驗中有意義的結構，這個說法並不像聽起來那麼侷限。感覺訊息不一定要由感官**收集取得**，也可以在夢裡創造或主動想像出來。而且很多感覺訊息並非來自外在世界，而是來自自己的身體，包括疼痛或舒服的感覺，吃力或無聊的感覺。抽象概念可以用詞彙表達或伴隨著意象，而詞彙的聲音形狀以及這些意象，我們都能夠察覺。然而不論這些抽象概念有什麼意義，我們都無法察覺。我可以（勉強）想像出三顆蘋果、符號「3」「iii」「三」，可以想像幾個看起來差不多的三角形，或「三角形」這幾個字。但我肯定無法想像、體會到3這個抽象數字，或三角形這個抽象的數學概念。我可以聽到自己說「三角形三邊為直線」、「三角形的三個內角總合是一八〇度」，但除此之外，我對這些抽象真理就沒有其他意識經驗了。

同樣地，之前討論過，我們無法察覺自己的信念、欲求、希望、恐懼，我可以對自己說「我怕水」，或想像自己被大浪捲進海裡，拚命掙扎，但這裡我們體會到的是詞語或影像，而不是「抽象」的信念。懷疑的話，請思考一下你**現在**能體會到什麼信念。你心中到底有幾項信念？你能感覺到信念離開意識，或新的信念在心中浮現嗎？恐怕沒辦法[12]。

現在可以結合以上三項原則，提出第四項原則。前面說過，我認為意識思考就是「從感覺訊息中創造有意義的結構」這個過程。那延綿的意識又是什麼呢？就只是一連串的想法，只是感覺輸入的不同部分一一組成各種結構，產生節奏不規律的思考週期，就像圖29右半部的灰色方塊，裡面的內容會不斷改變。這符合潘菲爾德和默克對大腦的看法：腦深處的皮質下結構形成一個大「熔爐」，來自整個皮質的資源會集中在這裡，對片段的感覺訊息賦予意義，不過這個熔爐一次只能放入一種意義模式。

還要特別注意，思考週期是依序一步步進行，一次只能鎖定一組訊息，賦予意義。當然，大腦在思考週期之外，可以獨立控制呼吸、心跳、平衡（我們不會因為全神貫注思考問題就跌倒），但之後會看到，大腦在序列思考週期以外能做的活動實在非常有限。大致來說，我們一次只能思考一件事。

以這個觀點，可以解釋許多第一部談到的奇特現象：

- 大腦急急忙忙、不停整合片段的感覺訊息（只要視線稍一轉動，還能收集更多訊息），每次處理一樣，最後「創造」出整個視覺世界（見第二章）。然而，我們只能意識到這個過程的結果，對相關的感覺訊息輸入或這些訊息怎麼整合，可說是一無所知。
- 我們對所見（或對記憶）只要一有疑問，大腦就會立刻鎖定相關訊息，想辦法賦予意義。這個過程平穩流暢，讓人以為自己只是讀取已經存在、任憑取用的訊息。就像在文書軟體裡把頁面往下捲，或在虛擬實境的遊戲裡探索一樣，我們以為整篇文件或遊戲裡的整座迷宮，一直存在在那裡（在某個畫面看不到的地方），而且每個精密的細節都很清楚。但實際上，這些內容是要用到的時候（譬如把頁面向下捲動，或從虛擬通道衝過去時），才由軟體創造出來呈現給我們；這也正是「大錯覺」背後玩的把戲

（見第三章）。

- 在知覺方面，我們會集中在片段的感覺訊息上，然後賦予相當抽象的意義，例如身分、姿勢、表情、別人的意圖等等。但也可以反過來，先集中在一項抽象意義，然後創造出相應的視覺影像；這正是心像的基本原理。就像我們可以只看幾眼就認出老虎，我們也可以用**想像**在心裡創造出一頭老虎，雖然就像第四章所提到的，這種視覺影像非常粗略。
- 感受也只是另一個可以投予注意力的對象。第五章提到，情緒是對身體反應的**解讀**。所以要體驗到情緒，除了注意到外在世界的相關方面，也必須注意到自己身體的反應，解讀就是說一個故事，把身體反應和外在世界接起來。比方說，假設福爾摩斯故事裡的倫敦警探雷斯壯（Lestrade）在聽福爾摩斯說自己最近又破了什麼案子時，覺得身體有些負面的反應（身體往後靠、駝背、嘴角往下、盯著地板）。華生注意到警探的反應，再聽到福爾摩斯的話，想著這些動作有什麼含意，最後可能推斷：「雷斯壯在忌妒福爾摩斯的聰明才智。」雷斯壯解讀自己情緒的模式也相同：他也必須先注意到自己的身體反應、福爾摩斯的話，然後加以詮釋，才能推斷自己是不是在忌妒福爾摩斯的聰明才智。但是，雷斯壯的想法可能完全不一樣，他可能很努力想找出福爾摩斯推理的漏洞（可惜幾乎找不到）。如此一來，華生對雷斯壯的解讀可能是忌妒，但雷斯壯當時其實並不覺得忌妒（無論是對福爾摩斯的聰明才智或其他事物），因為他要先經過詮釋這個步驟，產生忌妒的想法，賦予身體反應這項「意義」後，才會感覺到忌妒。但當時雷斯壯其實一心在想別的事，也就是案情的細節。

- 最後來思考一下選擇（第六章）。前面提過，雖然左手動作由右半腦管轄，但分腦患者的左半腦可以很流暢地「解釋」左手的動作——儘管這解釋往往是一派胡言。患者負責主要語言功能的左半腦想對左手的動作賦予意義，而要創造出有意義的解釋（雖然對分腦患者來說，這種意義完全是錯覺），必須先鎖定、理解左手的動作。確切來說，患者要解釋時無法鎖定潛藏在右腦（左手動作實際由右腦管轄）深處的動機，因為患者的左右半腦完全分離。但即使在左右腦連接的人身上，左腦也沒辦法察覺右腦內的運作狀態——因為大腦**只能**關注知覺訊息的意義（包括身體知覺），對自己內部運作的狀況則是一無所知。

一言以蔽之，心智總是不斷運用感覺訊息，一步一步創造意義，幫助我們持續隨機應變。但我們只能察覺創造出的意義，創造的過程總是隱而不顯。我們一步步即興創作的過程非常流暢，甚至讓人誤以為每個問題的答案心中早已了然，但實際上，要決定說什麼、選什麼、怎麼行動，都是一次**創造**，心中每次也只能有一個念頭。

第八章 意識的關卡

大腦會鎖定一組感覺訊息片段，賦予意義，但每次只能處理一組訊息。

如果思考是個週期，就表示一次只能思考一件事。說得具體一點，我們一次只能關注一組訊息，想辦法賦予其意義。不過大腦可以同時做很多事，大多人都可以邊走邊說話，嘴裡還嚼著口香糖；或是邊走邊嚼口香糖時，無意間聽到人家說的話嚇了一跳。但如果我們的心思鎖定在對話上，就不能同時鎖定在走路或嚼口香糖，大腦做這兩件事就像控制呼吸和心跳一樣，實際上真的是「漫不經心」。這兩項活動並不涉及詮釋（即針對大腦目前關注的事物，發揮創意、努力運用所知，以了解事物的意義）。能這樣漫不經心、自動化進行的事不多，能做的事也不複雜（雖然有少數幾個例外，我們之後會再探討）。

但如果心思一次只能鎖定一組訊息，我們對當下沒注意的東西就都毫無知覺嗎？也不盡然。首先，像嚼口香糖、走路這種自動化的程序可以持續，但必須處理腳下的地面、身體姿勢、肢體位置、肌肉動作等感覺訊息，以免跌倒，或者要注意嘴巴裡的狀況，免得不小心咬到舌頭。其次，即使對目前沒注意的訊息，我們也會保持警覺性。前面說過視網膜周邊會持續監測動作、光影、突然的景象變化；聽覺至少在某種程度上，也會持續對突如其來的巨響、聲音保持警覺；身體也會準備對忽然的疼痛刺激做出反應。簡單來說，知覺系統隨時準備好拉響警報，並驅使有限的注意力資源從原本的工作轉到出乎意料的新刺激上。但這樣的「警戒系統」本身並不會解讀或組織感覺訊息，只會引導注意力去組織、解讀訊息。所以我們一開始還不知道是什麼吸引了注意力，直到鎖定突如其來的訊息、想辨法理解，才會知道那是什麼[1]。

這表示有些資訊即使顯而易見，但如果不注意，有時就無法察覺，這稱為「不注意視盲」（inattentional blindness）。這種現象似乎十分違反直覺，但實際存在。知覺心理學家艾倫・梅克（Arien Mack）與厄文・洛克（Irvin Rock）曾做過一項實驗，請受試者專心凝視電腦螢幕中間的一個小十字形，接著螢幕上會出現一個大很多的十字形，受試者要判斷十字形的直線較長或橫線較長。如圖30所示，差異十分細微，必須非常專注。大十字形出現十五分之一秒後會消失，接著隨機出現黑色或白色的「遮罩」。過去的研究顯示，遮罩可以避免受試者繼續分析十字影像，用來控制受試者看到十字形的時間，因為如果沒有遮罩，只是讓螢幕空無一物，受試者可能仍會看到十字形在視網膜上的殘影。

所以，受試者一開始先盯著小十字形，接著出現「臨界刺激」及大十字形，受試者要回答大十字的直線較長或橫線較長。十五分之一秒後，臨界刺激由遮罩屏蔽。

實驗的關鍵是在第三或第四次試驗時，在離凝視點幾度的地方，會出現另一個物體，可能是黑色或彩色的斑塊（因此這個圖案會出現在視網膜中央小窩附近，但不會恰好在中央凹上）。在這個關鍵試驗中，實驗者會問受試是否看到大十字以外的物體。

出乎意料地，百分之二十五的受試者說自己沒看到其他東西，即使斑塊很大，對比明顯，而且離中央小窩的距離，就和受試者要分析的線條尾端與中央小窩的距離差不多。這麼誇張的「不注意視盲」顯示，如果沒有集中注意，人對圖案可能就會視而不見。

可能有人認為，這種現象是因為斑塊位置偏離了中央小窩，也就是視覺處理最精確的地方。這樣的話，解決方法很簡單，只要把大十字從凝視點（中央小窩聚焦的地方）移開，把斑塊放在凝視點上就好，這樣受試

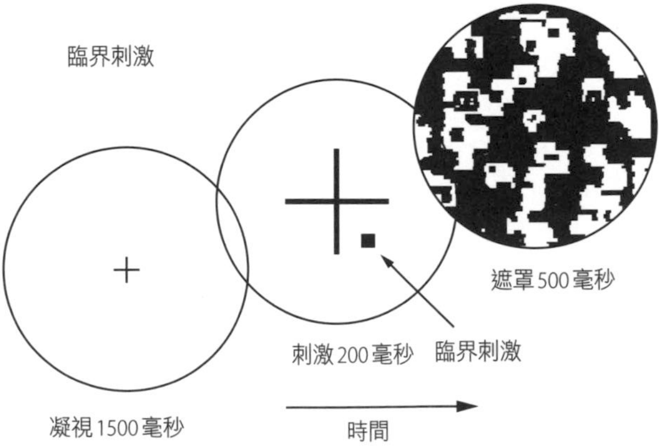

圖 30：梅克與洛克的實驗中三個連續的刺激[2]。

者視力最敏銳的地方就會直接看著斑塊（見圖31）。不可思議的是，這樣調整後，實驗者發現不注意視盲的比率反而**提高**了，從百分之二十五升高成三十五！

不注意視盲這種奇特的現象只限於視覺嗎？有個探討的方法，就是把意料之外的黑色斑塊換成聲音刺激[4]。請受試者戴上耳機，進行上述視覺作業，耳機裡不時傳出斷斷的白色雜訊。在臨界試驗中，十字形出現的同時，耳機會傳來長長的「嗶——」一聲。沒有進行其他作業時，這個嗶聲的音量可以清楚聽見。但如果受試者忙著判斷十字

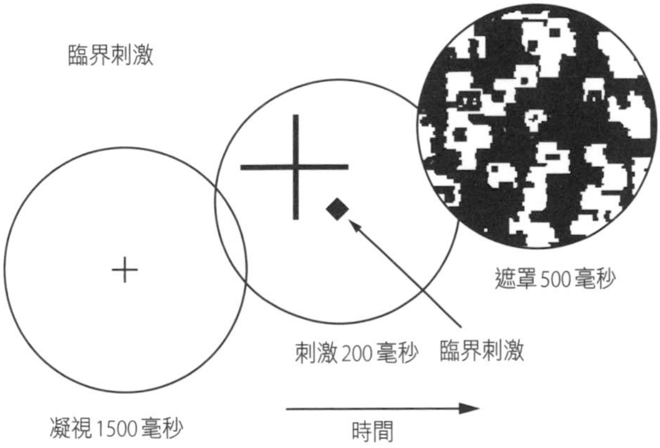

圖31：實驗的一個主要變化。像之前一樣，受試者一開始先凝視小十字形，然後「臨界刺激」出現，這次斑塊出現在中央，再加上大十字形。受試者和之前一樣，要回報大十字的直線或橫線比較長。十五分之一秒後，遮罩蓋掉臨界刺激。結果雖然受試者直接看著斑塊，不注意視盲比率卻大幅上升[3]。

形那一條線比較長，將近百分之八十的人都說沒聽到嗶聲或什麼奇怪的聲音。所以專注處理困難的視覺作業時，不僅會產生不注意視盲（即使我們直接盯著它看），也會產生不注意聽盲[5]。不注意視盲絕對不只是個奇特的現象，也可能非常危險。美國太空總署（NASA）的科學家理查．海因斯（Richard Haines）曾進行一項研究，運用擬真飛行模擬器，研究有數千小時飛行經驗的飛行員是否能處理抬頭顯示器上的訊息。抬頭顯示器是一種透明的儀表，上面可以顯示資訊，會與視覺景象重疊。抬頭顯示器的優點是駕駛理論上不需要移動視線，就可以同時看到眼前的景象並讀取重要的儀表資訊。相較之下，傳統的儀表、螢幕就需要移動視線，較耗時而且可能造成危險。

海因斯設定了模擬器，請駕駛在夜間能見度很低的狀態下將虛擬飛機著陸。因此，駕駛幾乎必須完全仰賴顯示器上的資訊。不過，降落過程後段，飛機會突然穿過雲量底部，眼前出現清晰的夜間跑道景象，如圖32所示。在飛機降落時，圖32顯示的景象有點恐怖：另一架飛機正轉入眼前的跑道滑行。大多數駕駛迅速採取行動，避開前方的飛機。但有一小部分駕駛卻繼續下降、著陸，對視野正中央那架巨大、明顯，但幸好是虛擬的噴射客機完全視而不見。就像前面實驗中的受試者會盯著十字形而忽略旁邊的斑塊，這些駕駛也全神貫注看著抬頭顯示器，整合、運用上面的訊息來引導自己降落。這些駕駛鎖定抬頭顯示器上的訊息時，無意間屏蔽掉了眼前攸關安全的景象，即使他們根本就盯著那架飛機看——而且已經練習過這樣的任務數百個小時。

我們對不注意視盲現象其實都很熟悉。晚上在開燈的房間從窗戶望出去，你會看到外面的景象，卻沒注意到窗戶上映出房內的景象，或看著窗戶上反映的房內景象時，發現戶外的景象暫時從眼中消失了。當然，有時候視覺很難判斷哪一部分的景象是窗外，哪一部分是窗戶上的映像，譬如你會看到房內燈光的映像高掛在外面的天空中（或許這就是「目擊」幽浮的原因之一），看到內外景象混為一體，變得很怪異。但是，視覺沒辦法同時間一起看到兩個景象：我們可以鎖

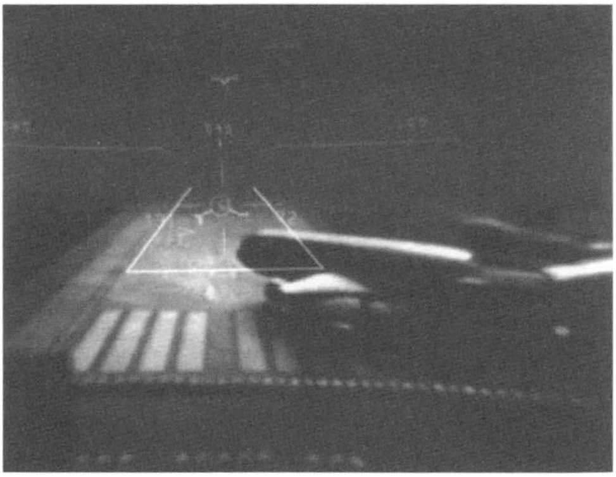

圖 32：不注意視盲的表現。有少部分但人數顯著的駕駛會全神貫注看著抬頭顯示器上的符號和線條（如圖所示），對影像其他部分視而不見，繼續平常的降落程序[6]。

定映像，或是外面景象，甚至是兩者混合景象（的一部分），賦予意義，但無法一次看到兩種景象。飛行員駕駛飛機也受到一樣的限制，可能因為注意抬頭顯示器的景象，所以看不到外在世界的景象。

不過，這也不代表抬頭顯示器就沒戲唱了。如果抬頭顯示器在一定程度上能擴增並融合外在世界的景象，那麼兩種景象或許就能整合為一體，就像在照片上打亮、畫箭頭，或做其他的標記。但如果顯示器與外部景象無法交融而彼此分離，看見一種景象，很可能就看不見另外一種。

認知心理學先驅、康乃爾大學的歐瑞克．尼瑟爾（Ulric Neisser）做過一項開創性的實驗，請受試者看一段影片，影片中有三個人在互相傳球[7]，每傳一次，受試者就要壓下一個按鈕。事情當然沒有這麼簡單，實驗者錄製了兩段傳球影片，把影像重疊在一起，結果影片看起來有兩組人在傳球（兩隊身穿不同顏色的上衣）。受試者要觀察其中一組傳球並按按鈕，並且忽略另一組傳球。

第一個有趣的發現是，這項任務雖然看起來很複雜，但從實驗一開始，受試者做起來卻很輕鬆，很容易只注意其中一組影像，忽視另外一組。大腦能只監測一組影像，好像另一組疊加上去的影像完全不存在一樣。相較之下，目前的計算機視覺系統想「拆解」畫面，只注意其中一部分，還是個莫大的挑戰。

但第二項發現才真正令人意外。尼塞爾在影像中加入了一個很突出的角色，但沒有事先告知受試者：有個女人撐著一把大傘，從傳球的人身邊慢慢走過，穿越整個畫面，最後消失。如果只是不經意看到影片（也就是不用數某一隊的傳球次數），撐著大傘的女人實在非常顯眼，她突然現身，既引人注目又奇怪。但對要數傳球次數的受試者來說，即使他們的視線一直跟著球在畫面上來回移動，好幾次都掠過、停駐在這個撐著大傘、感覺應該很顯眼的女人身上，卻只有不到四分之一的人注意到畫面有異常[8]。

這些研究都告訴我們，大腦會鎖定一組感覺訊息片段，賦予意義，但每次只能處理一組訊息。如果大腦忙著組織抬頭顯示器畫面上的線條，即使有一架飛機正轉上眼前的跑道，可能也看不到。同樣地，從開著燈的房間窗戶往外望向庭園，我們也可能對自己映在窗上的身影視而不見。

不受注意的「下場」

根據思考週期的觀點，訊息只能由一種方式進入意識：直接受到注意。但心智會不會也有「後門」，可以讓訊息繞過思考週期，因此完全無法意識得到[9]？據我所知，並沒有實驗證據可以證明存在這種後門。大腦沒辦法同時拼好幾幅不同的知覺拼圖，一次只能拼一幅[10]。

因此，思考週期運作時，每一個步驟都遵循以下的規則。每個處理步驟一開始，大腦還不太確定哪些訊息該鎖定、哪些該忽略，所以一開始會找出初步的「意義」，來決定哪些訊息重要。也就是說，不同幅的知覺拼圖原本混在一起，所以首先兩幅拼圖都得研究一下，才能知道需要哪幾片拼圖，哪幾片不用去管。隨著處理步驟進行，詮釋範圍就會縮小，更精確地針對能拼出目標圖案的訊息拼圖片來處理，減少、中止對其他訊息拼圖片的處理。步驟最後，這些為了詮釋所做的努力只會有一個結果：大腦鎖定單一組訊息，賦予意義。用拼圖的比喻來說，思考週期的每個步驟都會拼出一幅拼圖，但也只限一幅。在閱讀句子、瀏覽影像、聽一連串快速變化的聲音或看一連串圖片時，我們一秒鐘或許能拼出許多幅拼圖（雖然前一幅常常有提示作用，有助拼出下一幅拼圖。譬如瀏覽景象、讀書時，會預期接下來會看到、讀到哪些東西，如果接下來看到的與預期相符，那拼下一幅心智拼圖時就會快一點），但是大腦還是受到一個基本的限制，那就是一次只能分析一組資訊。而且，前面也提過，我們在思考週期每個步驟對訊息賦予的意義，就相當於意識知覺的內容。所以意識具有循序漸進的本質並非偶然，而是反映了思考週期本身循序漸進的特性。

這個對意識經驗的觀點又有什麼證據？我們怎麼知道大腦一次就是只能對一組資訊賦予意義[11]？回顧前面所說，討論「大錯覺」時檢驗的證據已經提供了強烈的暗示。前面說過，我們以為自己能一眼看到書頁上所有的字、房裡所有的人，在充滿各式物品的景象中看到各種色彩和細節，但這種印象並不正確。第一章也提到，受試者接受即視即現眼動實驗時，可以流暢正常地讀出文字，完全不知道其實每次目光凝視時，畫面上只顯示了十二到十五個字詞，其他字都由「x」或拉丁字取代了。

如果大腦真的「偷偷」在處理其他文字，即使是無意識地處理，受試者閱讀應該會受到影響，甚至是很大的影響。但據我所知，從來沒有人發現這種影響[12]。

我們受制於「大錯覺」，以為自己可以同時盡覽大量文字、面孔、物體，而且影像清晰色彩豐富；也以為自己能一口氣把各式各樣的談話、音樂、敬酒時玻璃杯輕敲的聲音盡收耳底。我們把自己的注意力範圍想得比實際廣很多，都是因為受到大錯覺的擺布。

所以實際上我們能注意的比想像中少很多，而沒注意的訊息即使劇烈改變（從XXX變成文字，然後再變回XXX），我們也不會發現。這樣看來，我們不僅注意力非常有限，而且也很難，甚至無法意識到沒聽到、看到的訊息。但是，我們會不會其實也仔細處理了沒聽到、看到的訊息，只是忘得太快？看似豐富的主觀經驗有些會不會是真的，只是對於沒注意的物體、色彩、質地，記憶總是稍縱即逝，所以實驗從來無法觀察到這些經驗？

格萊特·瑞斯（Geraint Rees）、夏洛特·羅素（Charlotte Russell）、克里斯·費瑞斯（Chris Frith），以及已故的瓊·卓弗爾（Jon Driver），曾在倫敦大學學院（University College London）所屬、世界頂尖的腦造影實驗室共事，他們設計出非常巧妙簡練的方法，透過監測大腦的即時活動來研究這個問題（見圖33）[13]。請受試者進入大腦掃描儀器，讓他

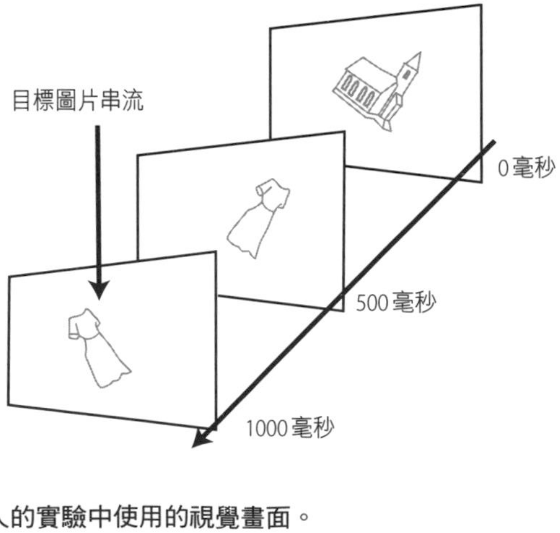

圖 33：瑞斯等人的實驗中使用的視覺畫面。

們看一些圖片，圖片上是線條畫的熟悉物品，上面重疊幾個大寫字母；這些字母有的只是無意義的字串，有的是有意義的詞。過去的實驗已經發現，如果看到有意義的詞，大腦會出現某種特殊的波動，看到沒有意義的字串則不會出現。所以我們可以將這種特殊腦波當成指標（會出現在腦左後方的左側枕葉），表示受試者認出了一個詞。當然，這個指標完全不受主觀意識影響。

瑞斯等人請受試者看一系列的畫面，由文字（可能是有意義的詞或無意義的字串）與圖片重疊在一起（見圖33）。為了引導注意力，實驗請受試者注意是否連續出現兩個一樣的文字或圖片，好讓他們只注意文字或只注意圖片。只要看看重複的情況出現時，受試者有沒有辨認出來，就知道他們是否在注意其中一種資訊（文字或圖片）。因為影像停留時間很短，受試者來不及讓注意力在文字與圖片之間游移，必須將注意力完全集中在一種刺激上，才能在重複的情況出現時正確回報。

受試者回答與字串有關的問題時（表示在注意字串），如果出現的是有意義的詞，特殊腦波就會出現（這時受試者沒注意到的圖片不會影響特殊腦波）。目前為止都沒問題。但如果讓受試者注意圖片又會如何？如果大腦還是像平常一樣，認出受試者沒注意到的詞（也就是大腦分析了沒注意到的詞，然後又忽略它），那麼表示認出有意義字詞的特殊腦波應該就會出現。然而，如果大腦無法分辨無意義字串或有意義字詞（因為沒注意到，所以大腦根本沒去看），那特殊腦波應該就不會出現。結果發現，第二種情況才是對的。

實驗結果顯示，沒注意到的詞受試者完全不會去看，即使這些詞就在他們眼前。不去看的原因，主要是他們正在注意其他東西：重疊在字串上的圖片。所以大致來說，沒有注意到的詞你根本不會去看，對大腦來說，那些詞根本不存在。看來可以合理推論，思考週期的運作也是一樣，不去注意，也就不會加以解讀、分析、理解[14]。

畫分大腦

前面提過，我認為正是因為大腦採取合作運算方式，所以一次只能思考一個步驟。但這個說法隱含著另一層意義，也就是不同的腦神經網路如果沒有交流，理論上可以獨立運作，各自解決自己的問題，不會互相干擾。實際上，大腦連結非常緊密，而且從理解句子、辨認人臉，到認識夜空中的星座，只要稍微複雜一點的問題，幾乎都會用到大部分的腦皮質。所以我們很難「平行處理」好幾個需要思考的問題。

不過，有些作業在處理時，負責的神經網路大部分是分開的，這就方便了。自主神經系統的運作就是個明顯的例子。自主神經系統負責控制心跳、呼吸、消化等等，與皮質的連結不多，也幸好因為這樣，就算處理困難的問題或讀一本好書，心臟還是繼續跳動，肺還能張縮呼吸，腸胃也能繼續消化。但更複雜的作業呢？如果作業差異夠大，使用的腦區或許不會重疊，或許就可以同時獨立運作了。

這種狀況很少見，但還是有。牛津大學心理學家艾倫・歐珀（Alan Allport）與同事曾研究過這個問題[15]，請會彈鋼琴、視奏能力佳的受試者，一邊視奏一段新的樂曲，一邊「跟述」（shadowing，每聽一句話就立刻跟著複述，時間差通常不多於四分之一秒）耳機裡傳來的聲音。令人驚訝地，練習沒多久，受試者就可以同時進行兩項作業，一邊跟述一邊流利地演奏，幾乎不會互相干擾。

不久之後，艾希特大學（University of Exeter）的亨利・舍夫（Henry Shaffer）做了一項後續實驗，將結果進一步推展。他發現技巧高超的打字員可以一邊跟述，一邊打沒看過的文章，也幾乎不會互相干擾[16]。這樣的表現很了不起，因為跟述和打字都涉及語言，應該特別容易彼此糾葛，但結果打字員似乎可以同時做這兩件事，速度與正確率也接近正常。

所以，負責這兩項作業的神經網路似乎是分開的，或者至少可以透過練習而分開。

因此，把看到的字詞轉換成手指動作（打字所需的能力），與把聽見的字句轉換成語音（跟述所需的能力），兩者並不相同。果真如此，那麼舍夫實驗中的受試者同時盲打和跟述時，在看到或聽到的字句中，大腦最多只會處理其中一種的文法和意義。這表示如果受試者聽到／看到的字串沒有意義，還是可以流利地盲打或跟述。因此，受試者可以有意識地解讀其中一種字句，但無法同時處理兩種（因此只有一種字句的意思會被編碼並存在記憶裡）。受試者不可能同時理解兩種語言輸入，就像他們無法同時看出兩種疊加在一起的視覺圖案，或把模稜兩可的圖案同時看成鴨子和兔子（見圖24）。根據這個邏輯，可以預測受試者最多只能記得一種語言資訊——因為其中只有一種可以獲得大腦處理、賦予意義。

如果這個大原則沒錯，只要執行作業的腦神經網路不重疊，那麼大腦就可以同時執行多項作業。但由於大腦各區連結緊密，且很多作業執行時都涉及多個腦區，大腦幾乎不可能同時執行多項複雜的作業。每項作業使用的腦區多少會重疊，使我們難以同時進行兩項作業。嚼口香糖與走路使用的腦神經或許不同，做複雜的心算等用的腦神經則又不一樣（但需要非常專心做困難的乘法或填字遊戲時，腳步也可能變慢或停下來，口香糖也不嚼了，甚至還可能閉上眼睛）。

幾乎所有耗費心力的作業用到的神經迴路都會重疊——因此知覺、記憶、想像力的處理都只能一步一步來。每一步或許都是個龐大的步驟，理解複雜的影像、繁複的樂曲、破解複雜的填字遊戲……需要數十億神經元組成的網路通力合作。然而，每個步驟內部的運作方式，意識卻完全無法企及。

在這一章我們討論到，除了特殊情況之外，思考週期是我們一步步了解世界的單一通道。如果思考週期鎖定影像特定方面，那麼其他訊息（斑塊、飛機、文字）即使就在眼前，也會遭到忽略。如果這個說法正確，那麼思考週期循序漸進的本質似乎就表示，有意識地思考某個主題時，無論在有意識或無意識層面，應該就無法思考其他主題（假設這些思考運用的腦神經網路互相重疊；而大部分的情況正是如此）。第七章的說法仍然沒錯：「大腦無法進行背景處理」。

所以，對於以上整個立論，無意識思考或許是個試金石。無意識思考會不會與思考週期的說法對立？還是無意識思考只是另一座海市蜃樓，仔細檢驗後就會消失？

第九章　無意識思考的迷思

頓悟並不是出於無意識思考，而是因為問題本身的特性：必須根據幾個模稜兩可的線索，尋找有意義的解讀。

偉大的法國數學與物理學家亨利・龐加萊（Henri Poincaré, 1854-1912）曾對自己創造力的源頭十分感興趣。他學術成就非凡，改造了數學與物理學，為愛因斯坦的相對論、現代數學對渾沌的分析打下基礎。另一方面，他對自己許多靈感的來源也有頗具影響力的猜想，他認為自己的靈感來自無意識思考（unconscious thought）。

龐加萊發現自己常常苦思某些數學問題好幾天、幾週而不得其解[1]（平心而論，說這些問題很困難還算是輕描淡寫了），然而暫時擱置問題後，突然就靈光乍現，冒出了解法，事後驗證也發現這些解法幾乎都沒錯。

為什麼會這樣？龐加萊認為他的腦袋無意識中還在「背景」中默默思考可能的解法，直到「優雅」的解法似乎已經醞釀出來，便會突然浮現在意識中。龐加萊認為，這種「無意識思考」首先要由幾次意識思考來準備、推動，然後所謂「第二個自我」就能接手，可以完全在意識層面之下繼續思索問題。

二十世紀著名的德裔作曲家保羅・亨德密特（Paul Hindemith）在他的著作中有一段知名的文字也提到類似看法，文中還用了一項突出的比喻：

> 我們都知道夜空中巨大閃電的效果，剎那間，廣袤的景象攝入眼底，不僅是大致的

輪廓，而且每個細節歷歷在目。雖然無法描述這幅景象的每個部分，卻感覺即使最纖細的草葉也躲不過我們的目光。這景色如此全面，同時又如此詳盡，若不是感官與神經因為猝不及防的閃電而緊繃，在平常的白晝或夜間必然無法得見。作曲必須以同樣的方式構思，作曲家如果無法在靈光乍現的瞬間看到完整的作品，所有相關細節妥切熨貼，就稱不上真正的創作者[2]。

從表面來看，亨德密特似乎認為整個作曲過程都是在無意識中進行，樂曲在無意識過程中暗地譜寫，只待靈光閃現的一刻進入意識。待無意識的工作完成，作曲家只需要把已經完成的樂曲謄寫到紙上，這部分的工作既費勁又無聊，因為需要創意的部分已經完成了。亨德密特作品的音樂體系極端複雜又極富特色，使得他對作曲的這番見解更引人注意[3]。

我們來探討一些相較之下沒那麼有靈氣的「頓悟」，譬如從令人困惑的圖片裡瞧出端倪。圖34有兩張圖片，如果你以前看過，一定第一眼就知道圖裡有什麼。如果沒看過，這兩張圖看起來八成就只是一團莫名其妙的斑點和汙漬。如果第一眼看不出究竟，請再花個一兩分鐘細看一下，運氣好的話，裡面隱藏的圖案可能會突然「跳出來」，讓你體會頓悟的驚喜（小心以下有雷！仔細看過圖34再往下讀）。如果你第一次看這些圖，不要太快放棄，即使頭一兩分鐘百思不得其解，或許瞬間解答就會出現，這時你會覺得答案有夠明顯，自己剛剛怎麼沒有馬上看出來。如果看了幾分鐘還是瞧不出端倪，再翻到第221頁的圖35看答案。

左邊是一隻大麥町在地上嗅來嗅去，右邊是母牛的「臉部特寫」。看出來以後答案就很明顯了，而且想看不到都不可能；即使多年以後再看到同樣的圖片，也能很快看出這是什麼。答案「蹦出來」的時候，我們會有種頓悟的感覺，但不知道怎麼解釋答案從何而來，一片渾沌中，某種秩序就突然浮現。頓悟浮現前沒有預感，只覺得自己漫無目標地苦苦掙扎，接著如果運氣好，你突然就懂了，感覺就像被雷打到。這類問題無法一步步愈來愈接近答案，而是完全相反，思考週期反覆咀嚼、嘗

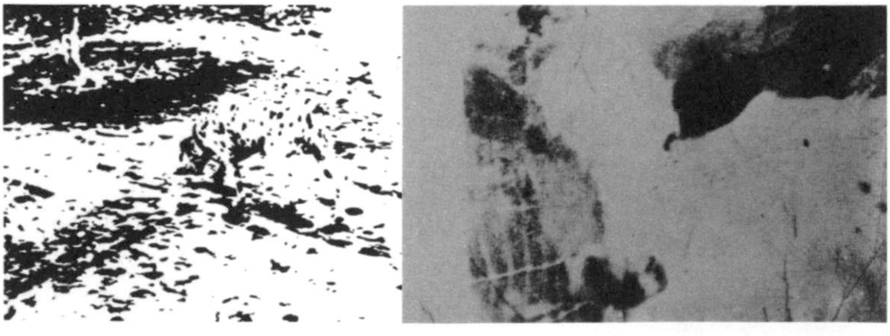

圖 34：看得出這是什麼嗎[4]？

試各種可能，卻絲毫看不出進展，然後突然間一步到位，答案就這樣出現。

現在想像一下，假如你不是持續看上面兩張圖好幾秒鐘或好幾分鐘，而是一週看一次，每次只能看一下（大概幾秒鐘）。最後終於有一天，大麥町在某一次突然出現在你眼前，然後另一次你看到圖片裡的母牛憂傷的眼神直直瞅著你。這種頓悟似乎該有個理由，你會想：「為什麼之前看不出來，現在突然就看出來了？」

這時腦中可能自然浮現一種解釋：「我一定是無意識中還想著這些圖片，不知不覺想出答案或部分的解答，然後再看到圖片時，答案就突然進入意識中。」但這種說法並不正確，一直看著圖片沉思，答案也會突然蹦入腦中，但我們並沒有機會無意識地在背景思考。頓悟並不是出於無意識思考，而是因為問題本身的特性：必須根據幾個模稜兩可的線索，尋找有意義的解讀。

我們很容易誤以為無意識思考是「視覺頓悟」突然出現的原因。由此看來，數學、科學、音樂領域的頓悟是否真的源於無意識思考，實在令人存疑。我們不能對人的內省照單全收，就算是天才的內省也一樣。

前面提過，大腦是合作型的運算機，由大片神經網路共同對單一問題（思考週期一次只能處理一個步驟）拼湊出解答；由於大腦神經網路緊密相連，所以似乎很難將不同的問題分派給不同的神經網路。第八章提到歐珀及舍夫的研究，受試者同時進行兩項作業，結果表現出色，但那些作業和這裡的問題截然不同。歐珀和舍夫的研究顯示，如果兩件事**涉及不同的心智運算——或許代表使用的神經網路彼此沒有重疊——**那麼人或許就可以同時做兩件事（例如視奏加上跟述）。有時候腦部對於練習得滾瓜爛熟、重複性高的作業，可以發展出專門的神經網路。但解決數學問題、作曲這類高難度的問題，和例行性、特定的問題截然不同，需要運用絕大部分的大腦。所以認為我們在日常生活事務之外，還可以讓深奧的無意識思考在「背景」運作，完全是異想天開。除了例行性、經過反覆練習的活動，思考週期一次就只能處理一組訊息，對這組訊息賦予意義。

龐加萊和亨德密特的想法肯定有問題。如果他們白天都在努力思考別的事情，大腦不可能還可以不動聲色地繼續求證數學難題或譜寫複雜曲目，還持續好幾天、好幾個星期，最後靈光一閃發現答案。無意識思考這種概念乍看之下很吸引人，讓心理學家奉獻許多精力想找到證據，譬如設計心理學實驗，要受試者解一些困難的題目（譬如各種字謎），一會兒之後，給受試者不同指示，可能是繼續解題，或休息片刻，或繼續動腦做類似或不同的問題，或乾脆睡一覺；之後再請受試者繼續解一開始的題目。根據「無意識運作」觀點，相較於持續解題，休息一下再重新開始，表現應該會突飛猛進。這一類的研究五花八門[5]，但很容易歸納為以下兩點結論。首先，各種休息帶來的效果不是太微弱根本可以忽略，就是完全不存在。就算人真的會在無意識中用腦，效果也非常微弱，即使百年來的研究者滿懷希望想證明也從來沒人成功。其次，許多研究者認為，休息帶來的輕微效果——也就是龐加萊和亨德密特所說的直覺——其實有更自然的解釋，完全不用牽扯到無意識思考。

最簡單的解釋應該先想想為什麼碰到難題會卡住。這種難題的特色就是沒辦法用一組固定的步驟找出解答（譬如把好幾行的數字加起來，雖然費功夫但步驟很固定），必須找到看問題「對」的角度（譬如有些字謎可能要特別注意某幾個關鍵字母；複雜的數學問題或作曲則思考涵蓋的範圍要更廣、更多變），才可能有進展。所以，理論上，正確的方法是靈活探索各種看問題的「角度」，直到找出理想的角度。但這不容易，我們思考問題一段時間後，會覺得自己卡住或

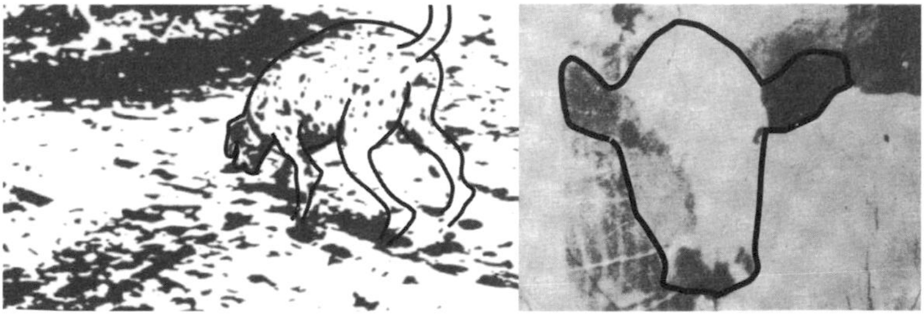

圖 35：答案揭曉。

一直在繞圈子；實際上，大腦的合作型運算使這種情況很難避免。

如果大腦一直找不到分析、解讀問題的正確方法，我們會說這是腦子打結。有時候可以透過意識思考解開這個結——我們會放棄某些資訊，轉而注意某些不太一樣的訊息，譬如注意猜謎填字遊戲的不同線索（也許「混亂」這個字表示要把字母順序打亂？），也會積極回想各種可能有幫助的知識（喔，這看起來像圓與角的幾何問題；我在學校學過圓形定理，那定理是說什麼來著？），不過，這些努力也常常一無所獲。我們總是在同一個地方腦筋打結，就像我每次在想「artichoke」的拼法，內心台詞差不多都是：不，不是「avocado」，不是「asparagus」，不是「aubergine」，也不是「aspidistra」！天哪，到底怎麼拼？救命啊！

這時，休息一下正好可以解開腦筋的死結。我們腦中原本塞滿不完整的想法和半套的解答，一再嘗試下發現這些都不是正確答案，只覺得愈來愈挫敗；休息以後腦筋比較清楚了，再重新面對問題就比較可能解出來，或碰巧發現有幫助的線索。但最重要的是，暫時放下問題再回頭，可以不受之前錯誤的念頭妨礙，重新看待問題。新的角度不一定比較好，但有時答案就會突然出現。

在這個過程中，雖然我們直覺在意識層面下，還有某種看不見的思考在背景默默進行，反覆琢磨問題，參與思考週期，但事實上這些都不曾發生。在無意識中解題，以及各種無意識思考，都只是一種迷思。

龐加萊說過自己解決數學問題時依循一種特殊的方法，也許就是因為他用這種方法，才覺得自己是靠靈光乍現發現解答。他一開始解題時通常不靠紙筆，先完全在腦中想出解法的大要，想好之後才把直覺轉化成數學的符號語言寫下，以便檢查與驗證（這做法有點費力）。重點是，龐加萊這樣是把數學問題轉化成知覺問題：如果知覺直覺正確，接下來只要依照固定步驟，就可以寫出能讓其他數學家接受的「證明」，儘管過程可能比較耗時。知覺問題就是可以在一個思考週期內解決的問題，前提是你剛好鎖定了正確的訊息，並且正確「看」出訊息呈現什麼模式，就像圖35的大麥町和哀傷的母牛。

從這個角度來看，龐加萊的數學靈感，就和我們回頭看大麥町和母牛的圖片時，不知怎地某種秩序總算神祕地從一片渾沌中浮現出來，這種頓悟的感覺兩者如出一轍。重點是，這兩種頓悟都不是源於幾小時、幾天的無意識思考，而是重新思索時在一次思考週期中發生。大腦甩開了之前錯誤的分析，碰巧得出正確解答。心中片段的資訊重新以正確方式組合，令人愉快地互相吻合，問題於是迎刃而解。

科學史上苯環的發現有個非常知名的小故事，正可以闡明這個觀點。苯的結構是由十九世紀的傑出化學家奧格斯・凱庫勒（August Kekulé）所發現，當時他正在做白日夢，夢中有條蛇正咬住自己的尾巴，凱庫勒猛然驚覺苯的結構可能就是環狀（人的心靈很有彈性，容易出現這種象徵性的大轉變，之後將會探討），不久他就分析出詳細的苯環化學結構。

當然我們可能會想，正確的知覺解讀怎麼那麼剛好就浮現在心頭，轉眼間就解決了看似很棘手的問題？會不會就是無意識思考在背後拚命工作，細細思考答案好幾個鐘頭、好幾天[6]，最後終於決定和「意識」溝通，並且也不是直截了當給出答案，而是在腦海中創造出一個神祕的影像？儘管這說法聽起來很吸引人，卻不怎麼有說服力。為何腦海會浮現恰當的知覺影像，讓科學家驀然領悟，說穿了沒有什麼神祕之處——因為所有在腦中閃現的知覺影像，幾乎都**不是**能引發靈光乍現的影像；只有在極罕見的情況下，出於巧合，適當的影像或影像彼此的碰撞恰巧催生了某項重要發現，成為傳頌後代數學與科學家的一段佳話。

因此，大腦重新鎖定問題，以稍微不同的角度來思考時，確實可以在轉瞬之間（即一個思考週期之內）豁然開朗，但這不表示答案會突然冒出來，是因為有個無意識的第二自我在費力思考。

同樣地，亨德密特說作曲家腦海裡會會湧現一首完整的樂曲，這段話也不能只照字面解讀。他描繪到空中的閃電照亮夜空，一切細節感覺歷歷在目，這幅雄渾的影像本身就已透出端倪。說到底，第一部就提到我們覺得雙眼所見充滿豐富生動的細節只是錯覺——我們能及時創造出需要的訊息，卻誤以為這些訊息原本就已經存在，觸手可及（例如只要轉動視線、轉移注意力就能看到）。音樂創作自然也是同樣的道理，亨德密特的意思應該是說，靈光乍現後，接下來的創作（以及寫成樂譜）便水到渠成，筆下源源不絕、沛然莫之能禦。亨德密特這樣解釋：

這不是說靈光初現時，就已經決定最終作品在第六一二小節會出現某個升F音；如果靈感第一次出現時，把注意力投注在整體中某個細節，就無法感悟到全體面貌，但如果整體構思如同閃電般擊中心靈，這個升F音與其餘數千音符以及種種表現，就能夠信手拈來[7]。

所以，靈光乍現並非感應到腦中一位「無意識作曲家」以大腦編碼（brain code）譜寫的整首作品；反之，就像在數學、科學方面一樣，在作曲上，靈感只是指引出一道值得探索的新方向，只是一段長時間創作，甚至創作苦思的**起點**。當然，如果苦思後有了成果——寫出交響樂作品、找到數學證明——很容易覺得後來的作品都註定會出現，只是把最初的啟示「發展」下去罷了。但這樣說很不嚴謹，就像說整個西方哲學傳統都只是柏拉圖和亞里斯多德思想細節的「發展」，或說在反拍節奏首次出現，或某人靈機一動，把拾音器接上吉他後，接下來半個多世紀的搖滾樂都只是必然。

一次只做一件事

想像你開車經過一條擁擠的市區街道，一邊和車上的朋友聊天，一邊聽著車上的廣播，感覺是個神奇的一心多用情境。你能注意到路上的狀況，隨時調整方向盤、踩剎車；你清楚和朋友談天說地的內容，也聽得到音樂（否則幹嘛開著廣播？），感覺似乎能同時開車、聊天、聽音樂，順利地在三種活動間切換。

但是還記得「大錯覺」嗎？你「感覺」自己同時注意到前面的車輛、道路兩旁掠過的建築、路上的標誌、樹木與天空。但就像第一部討論的，你其實根本**沒有**注意到。當然，你可以快速把注意力從聊天轉移到音樂或周遭環境上，就像你如果想確認什麼，只要移動視線就可以看到，所以才感覺一切時刻都存在。但如果一輛卡車忽然開到面前，你趕緊剎車、按喇叭、急轉彎，聊天便會戛然而止。你和朋友都嚇了一大跳，說不定根本忘了剛剛講什麼。

會不會我們根本不是在一心多用？也許只是從一項作業跳到另一項作業？一心多用只是一種迷思嗎？第三章提過的哈爾．帕什勒與同事強納森．李維（Jonathan Levy）與厄文．鮑爾（Erwin Boer）做了一項很有趣的實驗，探討一心多用的嚴重侷限[8]。他們請受試者進行一項簡單的模擬駕駛作業——有點像玩電動賽車。主要目標就是用方向盤和右腳踏板控制車輛加速或剎車，跟著前面的車子開在一條有點蜿蜒的路上（就和正常開車一樣）。此外，受試者還要進行所謂的「偵測作業」[9]，也就是有些不難察覺的知覺事件會不時出現，可能出現一或兩次「嗶」聲，或前面車輛的後擋風玻璃變化顏色一或兩次（也就是說，受試者要對聽覺或視覺刺激做出反應）。出現這些事件時，受試者要回報刺激是出現一次還是兩次。回報的方法也有兩種，可以按壓按鈕或直接說「一」或「二」（分別稱為手動回報或聲音回報）。當然，與此同時，受試者要繼續穩穩地開車，跟著前面的車子，有需要時踩剎車。

感覺開車經驗豐富的駕駛大概不會因為這些簡單的額外作業而受到什麼影響，畢竟我們經常直覺認為自己開車已經變成一種自動程序，即使要做出什麼反應也像出於反射動作，肯定沒有事先經過意識思考。

要真是這樣就太好了，可惜事實剛好相反。具體來說，如果駕駛要偵測「訊號」（顏色變化或嗶聲）並做出反應時，前面的車子剛好也慢下來，踩剎車的反應會受到嚴重影響；平均來說，踩剎車的時間會增加約六分之一秒。如果是在真實駕駛情境，這多出來的時間會造成很大的不同（踩下煞車前，以時速約一百公里行駛的車輛會多開大約五公尺）。

看來也可以合理猜測，不同的訊號類型（聽覺或視覺）與反應方式（手動回報或聲音回報）會有不同的效果。當一個人手忙腳亂地踩剎車時，說話回報肯定比用手按按鈕造成的干擾要小吧？也許控制不同肢體（腳部動作與手部動作）的訊號會彼此混淆，但指揮腿部和發聲器官（唇舌、聲帶）的訊號比較不會彼此干擾？還有，比起回報兩次擋風玻璃變色，回報兩聲嗶聲或許也比較不會干擾剎車？畢竟剎車需要用到視覺，分析前面的車輛什麼時候慢下來。但實際上，以上種種組合對煞車的**干擾程度都一樣**。

而且，即使是這種簡單的額外作業，對剎車造成的影響也很難消除。舉例來說，在延伸實驗中，李維和帕什勒告訴受試者，如果進行任何額外作業時，剛好需要剎車，就別管作業了，盡快專心安全穩定地踩剎車就好[10]。結果發現受試者確實通常都會放棄額外作業，但踩剎車的時間還是明顯變慢。

聽起來似乎不該邊開車邊聊天。當然，邊開車邊拿著手機講電話很不好，別的不說，你只剩一隻手可以操控方向盤。但是實驗一直以來也都發現，所謂免持聽筒其實也好不到哪裡去——交談和開車這兩項程序互相干擾的情況比想像中嚴重許多。我們自以為開車時可以「看到」周遭所有事物，就算在聊天，需要的時候也可以馬上剎車或急轉彎，但這種直覺完全錯誤。我們只能看到車開過路上的一小部分（回憶一下前一章說的，有些飛機駕駛著陸時會直直「穿過」在面前滑行的另一輛飛機，還有撐著一把大傘走過我們卻沒看到的女人），而且必須保持警覺，才能把有限的注意力投注在最需要的地方（注意下一個路口，盯著路邊快走到車道上的行人）。最糟糕的是，開車的動作（和反應）和其他動作會嚴重互相干擾，就像帕什勒等人的實驗結果一樣。

和車上乘客聊天就像講電話一樣，會造成很多類似的危險。不過好在如果路況變得比較危險，駕駛和乘客通常講話會慢下來或不再聊天——開車就變得比講話優先。但用手機講電話就沒有這種默契，因此較為危險。電話那頭的人不知道駕駛必須全神貫注應付驚險的車輛操控，駕駛也覺得出於禮貌必須盡可能不讓談話中斷，所以很可能繼續專心講話，渾然不覺出車禍的風險大大增加。

一次回想一件事

話說回來，雖然我們不能一次注意一件以上的事情，但也許大腦可以在無意識中搜尋心靈檔案庫，找出有用的檔案之類的，以便日後使用？如果可以，那麼龐加萊的大腦或許就在無意識間快速瀏覽研究生涯中儲存下來的相關高等數學資訊。然後回頭思考問題時，便已準備好了一些關鍵線索，從而觸動了靈感。從這個觀點來看，大腦或許不能在無意識中解決問題，但可以在無意識間激發相關記憶，為找出答案打下基礎。

所以，我們能否找到無意識搜尋記憶的證據？我和華威大學的同事伊莉莎白・梅爾（Elizabeth Maylor）及葛雷格・瓊斯（Greg Jones）幾年前進行了一項實驗，想測試無意識搜尋記憶是否能幫助意識思考[11]。

我們選擇的作業不是困難的數學推理，而是簡單的詞彙回想作業。舉例來說，假使請你盡量說出所有知道的食物名稱，雖然你知道很多食物詞彙，但在唸出一連串水果名、烘培食品名、調味料名之後，八成會意外發現自己很快詞窮，停頓的時間出乎意料也愈來愈長。另外，假設請你說出所有知道的國家名字，儘管聯合國承認的國家有兩百多個，其中大多數你也知道，但你也許又會發現，自己比想像中還快就說不出新的國家名稱。

但如果請你同時說出食物**以及**國家的名稱，愈多愈好呢？唯一的方法是先專心說食物的名稱一段時間，想不出食物時再換成國家的名稱，等國家的名稱也說得差不多，再回到食物，如此循環。這種交錯回報的方式本身就很有意思——或許可以看出記憶裡食物和食物連在一起，國家和國家連在一起。另一項有意思的地方在於，這種方式可以看出暫停回報某個類別的名稱後，記憶還能持續搜尋這個類別多久。

以思考週期的觀點，大腦完全無法在無意識中搜尋心靈檔案庫。也就是說，搜尋對食物的記憶時，無法同時搜尋國家的記憶，反之亦然。果真如此，同時說食物**以及**國家的名稱時，速度應該會比只說一種類別的名稱快，但數量就沒那麼多。

現在，假設意識在專心想食物名稱時，還可以在無意識中繼續在心裡搜尋、挖掘國家的名字。接著，等我們換個類別，改報國家的名字時，應該就可以很快「下載」剛剛無意識搜尋到的國家名，不用重新搜索。如果大腦真的可以同時搜索食物和國家的名字（儘管一次只能有意識地報告一類搜尋的結果），那我們回報兩個類別時說得出的名稱比例，應該會明顯高於回報單一類別。

我們測試了各式各樣的刺激，結果很清楚：毫無跡象證明我們可以邊想著 X 邊搜尋

y，或邊想著 y 同時又邊搜尋 x。一旦改搜尋另一個類別，第一個類別的搜尋就會倏然停止。如果搜尋可以在無意識下繼續運作，會有很多好處，可惜完全沒有證據顯示有這種無意識運作。真可惜，這種能力對日常生活肯定很有幫助。生活中我們一直面對各種龐雜的事情，多少必須交叉處理：注意聊天內容，看報紙，計畫接下來／明天／這輩子要做什麼，沉思複雜的哲學問題……如果專心處理一件事時，還可以在無意識中搜索相關資訊，讓其他工作同時有進展，這種能力多有用啊！很可惜，意識在處理問題 A 時，對問題 B、C、D 等等的探索也就停擺了。

有時候思緒確實會突然浮現在腦海中——記不起來的名字、忘記做的事，甚至是百思不得其解的問題，偶爾靈感也會突然湧現。但這並非無意識背景思考的產物，只是我們回頭思考之前的問題時，已經擺脫了一開始讓我們卡關、幫不上忙的心理迴圈，之前想不到的答案就出現了——在某些情況下，我們或許還隱約懷疑這答案是從哪裡冒出來的呢。

推測解答與**想出**解答兩者之間的界線相當模糊，使得很多事情都被高估成無意識心智處理的證據。之前說過凱庫勒在白日夢裡看到一條蛇吞吃自己的尾巴，這瞬間的洞察肯定是讓他**推測**苯的結構呈現環狀或圓圈，他之後肯定也經歷了無數次錯誤的嘗試，最後才找出正確解答。事實上，凱庫勒在仔細將苯環的詳細結構拼湊在一起，並檢查這個結構確實無誤後，才知道自己**之前推測**的答案沒錯。因此，這份靈感帶來的與其說是啟示，不如說是推測。某些罕見的狀況下，靈感帶來的推測證實是合理的，讓我們很容易誤以為大腦不知怎地想出完整的解答，還詳細驗證過，之後才把答案「暗示」給意識。果真如此，那麼這一連串的事件當然需要經過無意識思考，而且是大量的無意識思考。但實際上，檢驗與分析是發生在靈光乍現之後，而不是之前。仔細想想，這只是「大錯覺」的另一個變體，也是支撐大錯覺的一道詭計。正如我們感覺整個知覺世界都在心中，只因為需要時就能取用，我們也很容易以為問題的完整解答就在心中（在靈光乍現的當下），只因為我們發現答案很容易掌握。如果靈感帶來的推測證實是解答關鍵，那麼檢驗就會很順利；每個問題都很容易找到解答，每一片思考拼圖也會逐一歸位。

第十章　意識的分野

人的意識只限於察覺我們對感覺世界的詮釋，而這些詮釋是每個思考週期的結果，不是思考週期的內部運作。

如果我們一次只能意識到一件事，而大腦又是由上千億神經細胞組成的網路，細胞彼此透過電化學脈衝交流，那麼幾乎大腦做的每一件事我們應該都無法意識。這點應該不叫人意外。前面提過，我們只能意識到大腦理解世界——或者應該說，理解「世界一小部分」的**結果**。不過，這些結果是來自極為複雜的合作式運算，也就是思考週期，千億個神經細胞中絕大多數會參與運算，並會運用到大量感官與記憶資訊。

因此，意識可以比擬為計算機、搜尋引擎、智慧電腦資料庫的「讀數」。我們「餵」入加法（43+456）、搜尋詞彙（「五漁村」）、問題（「法國的首都在哪裡？」），讀數會給我們答案，但對答案怎麼來的完全不會多加解釋或說明。對於計算機內部二項式算術所用的算式、搜尋引擎所搜索的廣泛網路，以及智慧資料庫蘊含的智慧推論與龐大「知識庫」，我們一無所知。我們注意到影像、字詞、記憶時，基本上問的是「這有什麼意義？」然後意識讀數就會出現在心裡，對所見所想提供解讀。但是在這讀數後面，是龐雜的電訊號，在繁複的神經細胞網路中此起彼落地閃爍，對當下的感覺輸入與過去的記憶痕跡做出反應。這就是無意識的本質：龐大複雜的神經活動模式，創造出、支撐起我們反應緩慢的意識經驗。

重點是，每個思考週期內的神經處理程序並**無法**意識得到。畢竟，這些處理程序是神經細胞合作運算時產生極端複雜的活動模式，目的是參考記憶中豐富的過去經驗，在當下的感覺輸入中尋找意義。我們只能意識到當下感覺輸入的**特定解讀**。就像計算機無法讀取內部計算晶片的設計與運作，我們也無法意識到自己的內心運作；同樣地，正如我們無法意識到肝臟內部的生物化學反應，要意識到解讀世界的合作式神經活動如何進行，也是不可能的。

但我們**可以**、也只能意識到屬於合作運算**輸出結果**的意義、模式、解讀。人的意識只限於察覺我們對感覺世界的詮釋，而這些詮釋是每個思考週期的**結果**，不是思考週期的內部運作。

知覺中的意識

為了強化這個論點，也就是意識經驗只能回報大腦的**解讀**，無法直接觸及感覺輸入或詮釋過程，請看圖36左邊這張精美的圖片。這張圖片由日本視覺學者出澤正德（Masanori Idesawa）繪製。圖中似乎有顆光滑的白色撞球，球體表面向外伸出黑色圓錐狀棘刺，生動的程度令人讚嘆。這顆白色球體表面明亮光滑，微微浮在白色的紙頁上方，似乎比紙頁更白更亮一點。仔細看球體的邊界與白色背景，可以看到明顯可辨的弧形邊緣，畫分出球體與紙頁的分界。有些黑色的棘刺不懷好意地朝我們戳過來，有些朝向其他方向。但這整個結構純粹是我們的解讀，是想像的產物。這張圖只不過是在白色背景上畫了幾個黑色的平面幾何圖形，如果隨意排列，看起來只是普通的2D圖形，就像圖36右邊那樣。但我們眼中「看到」的，並不是幾塊平面圖案，而是這些圖案組成的狼牙球體。我們意識到的什麼，端視大腦認為眼前有什麼——也就是思考週期的輸出結果，而不是感覺輸入。

那麼，大腦神經網路為了要產生白色狼牙球體的意識經驗，必須在背後（無意識下）進行什麼樣的運算？自省法在這裡顯然派不上用場。不過，想想我們該如何編寫電腦程式，以模仿大腦從一片2D圖形中「創造」出3D圖像，可以稍微感受這種運算本身的複雜。

編寫這樣的程式需要符合哪些原理？首先，這個電腦程式需要計算如何將3D圖形投影成2D圖案，譬如指向我們這個

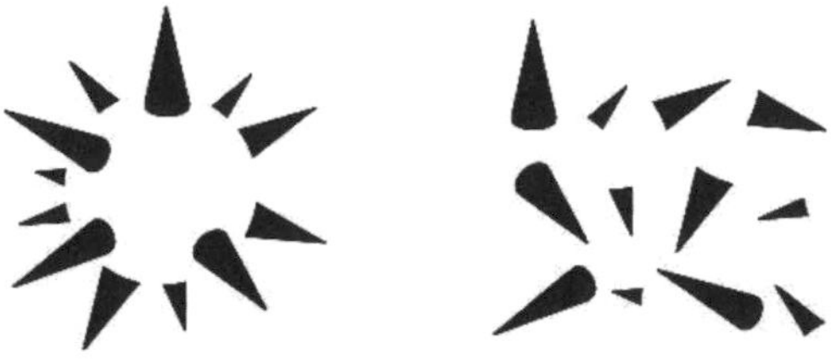

圖 36：出澤正德繪製的狼牙球體（左）；同樣的黑色圖形打亂後的樣子（右）[1]。

方向的黑色圓錐體，可能投影成一個三角形，最短邊微微往外鼓。另外，還需要計算白色實心球體如何遮住朝其他方向指的棘刺——因此，有些會投影成比較小、一部分被切掉的三角形，最短邊沿著球體線條稍微向內凹。程式也必須呈現出指向我們這個方向的棘刺比較短胖，和我們視線呈正交的棘刺則比較瘦長；另外，黑色圓錐和白色球體相接處，要根據他們在２Ｄ圖案中的位置，找出在３Ｄ圖形中相應的位置與方向。最後，還要把這些不同的３Ｄ位置拼在一起，看起來要位在同一個弧形表面，也就是那顆看不到的白色球體表面。簡單來說，牽涉到的運算不亞於一組精巧複雜的幾何推論演算法[2]。

要找出最符合這組幾何推論法的解讀，最好是能同時考慮**所有**的條件，然後持續「微調」，直到盡可能完全滿足所有條件為止。如果大腦一次只注意幾個條件，想辦法滿足這些條件後，才回頭去看其他條件，腦筋很可能會打結——下一個條件或許完全不符合目前的解讀，這個解讀就必須要放棄。這類必須同時考慮大量線索與條件的作業，正是大腦合作式運算最擅長的作業。雖然這裡的運算是我們想像中的電腦視覺程式要做的，但可以推測，大腦也必須進行這些運算，才能創造出澤正德的狼牙球體。

實際上，大腦或許特別適合解答這類需要同時滿足大量條件的問題。對此有一派很重要的說法，認為感覺輸入的不同層面（以及這些對感覺輸入的可能詮釋）或許與不同腦細胞有關，而感覺輸入與詮釋之間的關係，則表現在腦細胞的連結上。然後，神經細胞會透過電訊號交換，共同找出最符合感覺輸入的詮釋（最起碼是大腦所能找到的最佳詮釋）[3]。相關程序的細節相當複雜，也尚未全盤了解，但顯然大腦的網路結構非常適合進行這類合作運算，將許多感覺線索編織在一起，創造出統合的物體。

大腦要做的運算顯然相當複雜，讓人不禁猜想，大腦一定已經找到某些聰明的捷徑，可以免去這些複雜的運算。但目前人工智慧、機器視覺、知覺心理學方面的共識是，這種捷徑並不存在。電腦視覺系統在辨認臉孔、場景，甚至手寫字時，通常大致上也是用我剛才說明的「推論網路」[4]。你可能更不禁要想，也許根本不需要運算——我們就是「看」見了眼前的東西[5]。有些心理學家就抱持這種看法，認為知覺似乎能即時產生，在某種模糊的程度上，或許不是經過極端複雜精巧的推論才產生知覺，而是**直接**出現知覺。

但是，我們的意識經驗和「真實世界」不可能直接相連——因為我們看到了白色狼牙球體，但實際上這個球體並不存在。紙上只有線條和圖案，圓圈和球體都是我們解釋出來的，是知覺為了理解投影在視網膜上的２Ｄ圖案，而揣摩出的影像。

上述推理表示，大腦在用感覺訊息（譬如幾片黑色圖形組成的圖案）拼拼圖時，用來組合不同訊息片段的膠水可能就是**推論**——以上述例子來說，棘刺和無形的表面該怎麼安排，才能形成我們所見一部分的２Ｄ感覺訊息，用來組合的膠水就是幾何推論。大腦推論網路得出解答時，拼圖也就完成，一個有條理的詮釋就會出現在意識中。在這裡，解答就是一顆狼牙球體，黑色幾何圖形的整體排列、大小、形狀都讓這個球體交代得清清楚楚。

因此，知覺是一道極端複雜精巧的推論過程，大腦仔細拼湊，對這個世界提出最適合的說法，用來解釋感覺器官的擾動。確實，想要解讀感覺訊息、語言、記憶，往往需要非常精巧的推論，來找出哪一個說法能把所有資訊結合得天衣無縫。這個觀點有很深遠的歷史，早在心理學尚未自成一門學科之前，德國物理學家、醫師、哲學家赫姆霍茲（Hermann von Helmholtz）就在一八六七年提出這個觀點[6]。赫姆霍茲知道我們對世界的感知，不僅僅是進入眼中的光線、傳入耳中的聲波的複製品。他了解要有知覺，必須先解開一組線索的意義，這組線索拆開來每單一條線索的意義都很有限。赫姆霍茲超前時代整整一百年——要到後來的人著手建立電腦視覺模型時，視知覺「推論」的本質才在心理學、神經科學、人工智慧中占有主導地位。

進一步來說，知覺不僅只是推論，而且還是**無意識**地推論。我們向來無法看透知覺處理所歷經的精巧推論，不論是建構看不見的球體（圖36），突然看到的大麥町和母牛（圖34），或是「解讀」俄國默片演員莫茲克連在示範庫列雪夫效應時臉上的情緒（圖22），無一例外。我們可以揣測知覺系統可能進行了哪些推論，但無法靠自省法的「肺腑之言」敘述到底是哪些推論。我們只知道知覺推論的結果，也就是詮釋，但不知道大腦到底根據哪些線索與推理過程得到這個詮釋。

不過，以意識的角度來說，知覺和其他思考並無不同。不論是作曲、診斷病人、選擇去哪裡度假、做白日夢、沉浸在小說中、求證數學題，還是解字謎，在這些活動中，思考週期都會一步一步帶我們向目標前進，並創造意義，但我們只能意識到每一步的結果。思考一下，小說讀得入迷時，故事如何完全占據我們的經驗——但書本上一行行鉛字到底如何由大腦神奇地轉換成影像和情緒，我們卻渾然無所覺。或者講個比較平淡無奇的例子，我在苦思「ncososcueisns」變換字母順序可以組成哪個詞，猜了好多次終於想到，會不會是「consciousness」（意識）這個詞？我可以察覺好幾個詞浮現在腦海，但無法察覺怎麼會想到這些字——為什麼這些字母，還有我最近在讀在想的東西，會讓我想到某些詞彙，而不是別的詞彙？心智處理程序永遠都是無意識的——意識可以說出答案，但說不出答案的起源。

因此，根據思考週期的說法，我們只能意識到大腦詮釋的結果，而無法意識到大腦想理解的「原始」資訊，或介於其中的推論。因此知覺的無意識並沒有**特別深**：就像思考的其他層面一樣，對知覺來說，結果可以意識，但導出結果的過程卻無法意識。

意識再探

雖然我們直覺認為意識連續不斷，但根據思考週期的觀點，這一定是錯覺。實際上，意識經驗是一連串的步驟，每個步驟的長短不一，思考週期便是透過這些步驟，持續注意、理解新的資訊。

但如果是這樣的話，我們在思考中間不會感覺到停頓嗎？感覺大腦引擎微微調整了一下？在此，眼動一如往常提供了重要的線索：瀏覽景色或閱讀時，視線平均每秒跳動三到四次，一般視線移動時，眼球運動的時間根據移動的角度不同，介在二十到兩百毫秒之間，在這段時間，我們基本上完全是瞎的。每次視線「停駐」並維持在新的一點上時，影像會投射到視網膜，接著傳送到大腦，這幅新擷取的影像，和之前所見的影像會有明顯落差。所以視覺輸入是由一連串對景色或書頁不同的「快照」組成，而不是一幅連續的景象——而且視線停在目標上後，新的思考週期也隨之啟動，鎖定快照上的元素並加以理解（辨認物體、判斷表情、認出詞彙）。

雙眼蒐集訊息時過程非常不連續，意識竟然可以完全無視，也實在很驚人。請環顧一下四周，問問自己觀察時視線多常移動。當注意力從房間一頭大幅移動到房間另一頭，可以合理推論視線必定移動了。但除此之外，要判斷雙眼究竟是否移動、視線是不連續地跳動或平順地掃視過影像，大多非常困難（其實除非雙眼在追蹤移動的物體，例如開過去的一輛車，否則眼睛從來不會平順地掃視；除了這些特殊的平順追蹤眼動之外，視線總是不連續地跳動）。想知道一個人當下究竟在看哪裡，出乎意料地非常困難——這就是「大錯覺」的力量，讓人感覺看出去時各種豐富的細節都同時存在視野中。

特別是（用眼動儀）從外部觀察時，可以發現擷取視覺訊息的過程顯然並不連貫：我們會鎖定場景的某個部分，賦予訊息，再移動視線鎖定場景另一部分，賦予訊息；如此隨著思考週期，不斷往復。然而從內部自我觀察時，思緒流動感覺完全沒有中斷。所以我們無法靠內省法來了解思考這種一步接一步、循環的本質。在視覺方面，即使可以直接從眼睛的運動發現視覺過程並不連續，但我們對此卻一無所覺。同樣地，每個想法與下一個想法之間其實並不連續，但某種程度上也被平順地掩蓋了。

如果思考其實起起伏伏，為什麼感覺起來這麼平順？解釋起來其實和更基本的「大錯覺」一樣，大腦想讓我們知道世界實際的樣子，而不是自我的機制如何運作。如果移動視線時意識到影像不停閃動，我們就會過分注意到眼睛在移動，但完全弄不清楚世界到底是不斷變換的幻燈片影像，還是單一統合的場景。

當然，重要的是穩定的世界，不是我們目光飄忽中所見極度不穩定的影像。為了決定如何行動，我們需要知道世界是什麼樣子，大腦才不管我們是經過多麼複雜的收集處理程序才編織出一個穩定的世界。我們就像軍官閱讀密碼破解後所代表的訊息：為了在戰事中決定下一步，他只關心背後的訊息，密碼怎麼破解、背後有多少個聰明的分析人員、用了多少排電腦，他都視若無睹，也不在乎。

簡言之，我們之所以感覺所見所聞連續不斷，是因為大腦告訴我們世界的影像和聲音是連續不斷的，主觀經驗反映周遭世界，而非心智運作的情況。接著，說得更廣泛一點，思考週期也同樣難以察覺——我們無法跟著思考週期不規則的節奏，一下下數出每個週期。意識告訴我們**世界**（包括我們身體）的狀態，但不會告訴我們這個狀態是如何察覺而來：內在的敘事者一如既往，要我們專注在故事本身，自己則盡量低調。

內在自我的意識？

從思考週期的觀點，意識經驗就是有意義、有組織的**感覺**訊息。如果這麼說沒錯，認為可以意識到**自我**就是胡說八道了——畢竟「自我」並不是感覺世界的一部分。所有「高等」的意識（意識到有自我意識、意識到自己意識到有自我意識），儘管頗受一些哲學家與心理學家青睞，也都是誇張的胡說八道。

有聲音在表達內心這個想法時，我們可以意識到聲音；打字時這些字眼出現在眼前的螢幕或書頁上，我們意識到文字；但我們只能意識到文字本身，無法意識到文字背後的想法，也無法意識到文字背後的「心靈」。偉大的十八世紀蘇格蘭哲學家大衛・休姆（David Hume）曾用一貫的優雅表達他的見解：「當我深入體會我所謂我自己時，總是碰到某些特殊的知覺，如冷或熱、明或暗、愛或恨、痛苦或快樂等等。任何時候，若是沒有知覺，我便無法察覺到我自己，除了知覺，我觀察不到任何其他事物。[7]」

想想你怎麼意識數字「七」——這個抽象數學概念顯然無法用感官理解。也許你心中有這個數字模糊的影像，或七個點排列的圖案，或聽到自己在心裡唸出**七**。你心中可能出現七的各種特質，你可能告訴自己：「七是我的幸運數字」、「七是奇數」、「七是質數」等等。但此時我們意識到的並非七本身，而是七所間接具備的感覺印象，例如我們說了些與「七」有關的話，對這些話的聲音有個感覺印象。所以愈是思考，就愈覺得人不可能意識到數字本身。當然，我們知道很多與七有關的事，但我們意識到的不是這些事情本身，而是這些事情的感覺印象——特別是幾句中文在心中浮現的聲音印象。對「七」的意識其實是虛假、二手的。然而，我們還是很了解「七」：可以數到七、判斷房間裡的人比七個多還是少，也會背九九乘法表裡面七的那一欄等等。

我認為高階意識也是如此。我可以聽到自己在心裡自言自語：「我知道我有意識」，而就這點來看，我又會自言自語：「我一定意識到自己有意識」，腦中可能還浮現模糊的視覺影像。但我意識到的正是這些感官印象，以及這些印象在我腦海中有意義、有組織的影像與聲音，此外就沒有別的了。結論是，意識與信念、知識或類似概念毫無直接關係。我知道巴黎是法國的首都，但無法意識到這個事實或其他事實——頂多在替代的意義上，想像自己平緩地說「巴黎是法國的首都」，而意識到這句話的聲音。但這樣一來，我意識到的是這句話的聲音，不是這件事實——如果用不同的語言來表達同一件事實，意識經驗就會不一樣了。或者想想看，要意識到「雷斯壯警探嫉妒福爾摩斯」是什麼意思。我可以意識到自己在心裡一字字說這句話，但無論如何也不可能意識到實際的人，更不用說意識到一個人可能嫉妒另一個人，因為他們根本不是實際的人，是小說人物[8]。同樣，我看到一顆蘋果逼真的3D全息影像，與看到一顆真正的蘋果時，產生的意識經驗可能完全相同；這兩種情況下我獲得的感覺訊息一樣，大腦也用一樣的方式組織感覺訊息、詮釋出一顆蘋果。這樣的意識經驗中沒有任何部分表明我看到的是真正的蘋果，不是實際上不存在的蘋果全息影像。在這個意義上，意識必然是膚淺的：我們組織感覺訊息，做出詮釋，而這就是意識。

所以，除了在相當乏味的意義上之外，我們不是真正意識到數字、蘋果、人等等——我們意識到的是對感覺經驗（包括心中的自言自語）的詮釋，這就是意識的全部了[9]。

因此，層層意識建起的高塔，就這樣坍塌了。這是大腦對我們玩的另一個把戲。我們再次感覺到心靈比想像中更「平坦」：意識經驗是由表淺的感覺經驗組織而成，這樣的感覺經驗可能來自知覺、想像，或記憶。我們對數學的「深層」概念、心靈的內在運作，甚至是意識本身，都沒有主觀經驗。我們對這些事情可以談論、書寫，用符號和草圖來表達，但我們意識到的只有這些文字、符號、圖片的知覺特性，而不是模糊的抽象概念本身。簡而言之，我們有意識地感受廣義上的感覺訊息（包括自己想像出的影像、身體內諸如痛苦、疲憊、飢餓等等感覺，以及最重要的——內心的自言自語），而這就是我們所能意識的一切。

意識分野再思

把思考想像成冰山是很吸引人的概念：意識是水面上看得到的冰山尖，無意識則隱藏在水面下，巨大又危險。佛洛伊德和後來的精神分析師認為，無意識潛藏在脆弱、自欺欺人的意識心靈背後，是一股巨大的力量。心理學家、心理治療師、精神學家經常在猜人可能有兩種（或多種）不同的心靈，爭相想掌控人的行為，其中一種（可能有一個或好幾個）是無意識心靈，特色是迅速、本能反射、自動化，另一種是意識心靈，緩慢、慎思、深思熟慮[10]。神經學家也認為大腦可能有多個決策系統，其中最多只有一個會有意識地運作，這些系統指引人的思考行為時，可能會互相矛盾[11]。

但把人的思考比喻為冰山，認為有巨大幽暗的一部分隱藏在海面下，這種想法隱含了一項前提，而這前提卻有嚴重的漏洞。冰山在水面上下的物質完全相同——不管隱匿於波濤下或在陽光下閃耀，都是冰塊。這樣的話，隱藏的應該要可以看得見，看得見的也應該要可以隱藏才對——不管露出水面或沉在水裡，都應該是同樣的冰塊。把思考比喻成冰山，代表同樣的思考可以是有意識或無意識，可以在兩者間來回移動。因此，無意識思考可以進入意識領域（無論是透過隨興的內省、積極的靈魂探索，或接受多年的精神分析），有意識思考也可能變得無意識（因為單純忘記，或主動壓抑這種神祕的心靈歷程）。如果這個冰山的比喻要延續下去，不只個別的思考，人的整體思考也該遵循同樣的規則。所以我們的意識思緒，應該與幽暗的無意識冥想、精神上的煎熬、象徵性的詮釋並行，這些無意識心理活動應該和意識思考沒有兩樣，差別只在無意識思考在意識層面下活動。

但是從思考週期的觀點來看，冰山的比喻根本大錯特錯。前面說過，我們**必然**會意識到自己對感覺訊息的詮釋，但**無法**意識到產生詮釋的過程。意識與無意識並不是以不同的思考種類來區分，在個別思考中，就可以區分出兩者的不同：有意識的是思考結果，無意識的是思考程序。

沒有所謂的有意識思考和無意識思考，更沒有可以在意識中進出的思考。思考只有一種，分成兩個層面：有意識的思考結果，以及產生結果的無意識過程。而就像我們無法意識到腸胃消化的化學反應以及肌肉的生物物理作用，我們也無法意識到產生結果的無意識過程。

無意識心靈——誤會一場

無意識思考這種迷思很吸引人、很有影響力，但本身卻和大腦的基本運作原則（數十億個神經元合作運算，一次只能處理一個問題）互相衝突。

這句結論在佛洛伊德之前聽起來很自然——而且無意識思考這個概念聽起來很矛盾，因為思考本身就和意識密不可分。但自從佛洛伊德之後，我們對無意識這個概念變得非常熟悉，簡直過分依戀——任何出乎意料、自相矛盾、別有深意、弄巧成拙的想法或行為，都可以看成是無意識這種神祕的地下力量，不請自來地侵占了柔弱、傻氣的意識自我的領域。如果目前的論據沒錯，在意識思考的雷達下，不可能還有其他心智、系統、思考模式在運作，因為大腦（或者，起碼可以說一個神經網路）一次只能處理一件事。

前面提過，我們無法看透思考週期的運作，只能意識到運作的結果，也就是有意義、有組織的感覺訊息。意識經驗是一連串的「意義」，但產生這些意義的過程（以及其中運用的感覺資料與記憶）無法直接了解。這點也許不意外，人不能透過內省就了解肺臟、腸胃如何運作，憑什麼大腦就會不一樣？所以我不認為有兩種思考系統在爭奪對想法和行為的主導權，應該只有**一個系統**，透過一次次的思考週期，對感覺訊息賦予意義。人可以意識到有意義的解讀，從而賦予世界各式各樣的形貌、物體、色彩、聲音、字詞、面孔；但產生這些解讀的大腦過程一如其他生理過程，是意識鞭長所莫及[12]。小說家以我們腦海中的絮語與意象為創作素材，但維吉妮亞・吳爾芙（Virginia Woolf）《燈塔行》（*To the Lighthouse*）或詹姆斯・喬伊斯（James Joyce）《尤利西斯》（*Ulysses*）中的意識流技巧，卻稱不上在探索心智的內在運作。恰好相反，這些意識流技巧——頂多只能說是一系列不完整的結果、運作、中間步驟——都是思考週期的結果。這些不完整的步驟有時可以提供有用的線索，譬如獲得諾貝爾經濟學獎的心理學家、計算機學家、經濟學家、社會科學家赫伯特・賽門（Herbert Simon, 1916-2001）便非常注重分析人推理或解決問題時「放聲思考」所說的內容[13]。但這些就只是線索。思考週期產生想法、想出棋著、解出填字遊戲的答案等等的過程，仍然完全處於意識的未竟之境——因此為什麼某些想法會浮現心頭、有些不會，也依然是無解之謎。畢竟，我們只能看到知覺經驗的成果——也就是說，我們看到物體、色彩、運動，但無法參透大腦透過什麼樣的運算，以這樣的方式將世界呈現在我們眼前。

看起來，我們至少知道在「意識流」中，時時刻刻閃現的是什麼。我們可以運用內省法到某種程度，儘管無法從中了解思考週期的運作，但可以知道思考週期運作後的結果。然而即使只是敘述意識的狀態也不容易，哲學家約翰．彌爾（John Stuart Mill, 1806-1873）有句名言：「自問是否快樂，快樂便止息。」[14]內省法也有類似的困擾：「自問心中所思，所思便停止。」

從狼牙球體到生活的意義

大腦永遠都在努力組織、理解當下關注的感覺訊息。出澤正德的圖片就是尋找意義的完美示範（圖36），我們創造出「狼牙球體」，來解釋黑白圖片的意義。這種尋找意義的渴望，同樣也驅使我們努力了解對話、文字，甚至整齣劇本或整部小說。當然，了解一部電影或一首交響曲要透過一連串的步驟，隨著劇情或音樂開展向前進行，但同時也需要退一步思考不同劇情或樂段彼此的關係與意義。

在這樣的思考、探索、批判分析中究竟發生了什麼事，很值得仔細思索。舉例來說，回顧一部電影時，我們會去理解情節，指出錯誤或明顯的漏洞（「如果她有鑰匙，一開始為什麼要破門而入？」），努力掌握角色的想法和動機（「羅密歐與茱麗葉根本就只是迷戀吧，他們對彼此根本不了解！」），或把電影的背景和動作與其他電影、書

（例如「那個場景是直接從《北非諜影》（*Casablanca*）裡搬來的吧）、現實生活（「這完全違反警察程序！」或「精彩重現一九五〇年代的西班牙生活」）連結起來。

我們還可以再退一步，討論某個分析或評論本身是否言之成理（「這好不真實」、「這應該是一部謀殺推理片，不是警察訓練片吧」）；分析與重新分析、評估與重新評估可以無止境地持續下去。畢竟，《摩訶般若多》（*Mahabharata*）[15]、荷馬、但丁、莎士比亞作品的相關批判分析，自古至今從沒少過；在最廣泛的意義上，這些討論都涉及文學藝術作品的意義：作品的內在結構、與其他文學藝術作品、歷史社會，以及我們二十一世紀人的關係。

或許對文學藝術作品賦予意義的方式，和理解日常生活事件、故事、關係的方式有很多共同之處。我們在生活中會一直努力理解遇到的事，像是自己和周遭人行為背後有什麼原因。我們把自己的生活和別人比較，甚至和藝術、文學、電影中的生活比較，而且不時會退後一步，想了解生活不同部分如何融合（或無法融合）在一塊兒，也會對別人的生活、家人朋友、所屬的團體、從事的活動等等做同樣的分析。對於自己的生活，以至對自己生活的分析和評估，我們都可以無止盡地辯論、反覆思考下去。

這樣的評估就和文學藝術評論一樣，與**意義**有關：如何深切理解生活，並讓未來的生活更有意義，而就這個廣義的觀點，意義就是協調組合、尋找模式、追求連貫。我們不只是過生活，也會經常拉開距離，重新省思發生的事件與原因，並思考這些省思是否成立……諸如此類，無法盡數。但思考週期無時無刻都有一項任務：鎖定感覺訊息（包括最重要的語言訊息），並盡可能加以組織與詮釋。

每個解讀都是局部而零碎的——我們無法把鏡頭拉遠，綜觀整部文學作品、交響曲、整段關係的意義。自認為做得到，其實是陷入了另一種「大錯覺」，誤以為自己可以把整個複雜的事物同時「載入」腦海中；而實際上心思只是從一個經驗、意見、論點跳到下一個罷了。當然，我們可以無止盡地討論藝術、文學、生活，而每次思考，都是想對那些經歷過的片段賦予意義。

比賽和運動是人從無到有創造「意義」的好例子。把球踢到某個四方形框架，並盡量離另一個框架遠一點，怎麼會是個「有意義」的活動呢？或者用特別的桿子，以最少的次數，把白色小球敲進地上的洞裡？或者用穿了線的拍子，把有彈性的黃綠色球體來來回回打過直立的網子？這些到底有什麼意義？然而，足球、高爾夫、網球以及種種賽事及體育活動或許是數百萬人花時間從事的活動中特別有意義的——相關的動作、任務、挑戰並沒有更崇高的目的，單純就是進展順利時，一切都結合得流暢協調（各方面都「好好發揮」，每次射門都促成了下一次射門），進展不順時，一切都不協調（每個動作都妨礙了下一個動作）。

意義就是貫串的條理，有人可能認為這樣不夠，應該有某種最終極的目標在引導生活，這種目標可能超乎一般的理解能力，或潛藏在我們最深的核心之中。或者，可能也有人認為根本不存在這種超驗的意義，人類的生命不過是轉瞬即逝、毫無意義的生化活動，出現在廣袤荒蕪的宇宙邊緣。但我認為，這種想法以及其所引伸出來的希望或絕望，都是出於誤解。

尋找意義是每個思考週期的目標，而意義就是從思想、行動、故事、藝術作品、遊戲、運動中，整理、安排、創造模式，並加以理解。簡而言之，尋找意義就是尋找貫串的條理。而貫串的條理必須一步一步、一次一個思考來創造，永遠不完整，需要不斷質疑與討論。意義本該如此：小說、詩歌或繪畫無論意義多麼深遠，沒有一部能像人生一樣豐富、複雜、有挑戰性，能無止盡地一再評估、重新解讀。

第十一章　依循先例，而非原則

無論在什麼領域，專家之所以傑出，並不是因為心智運算能力特別強，而是因為經驗更加豐富深厚。

西洋棋奇案

一九二二年，當時的西洋棋世界冠軍，來自古巴的何塞・勞爾・卡帕布蘭卡（José Raúl Capablanca）在美國俄亥俄州克里夫蘭，同時對戰一百三十位棋手。七個小時後，卡帕布蘭卡取得一〇二勝一和的戰績。他思考每一著棋的時間這麼短，如何達成這樣的佳績？

我們很自然會以為卡帕布蘭卡思考必定快如閃電，才能下這樣的閃電棋，搶在對手前，快速判斷棋步與應步的各種可能走法，讓對手大傷腦筋。如果這真是卡帕布蘭卡獲勝的祕訣，就表示這位棋王計算棋步的速度比他的一百多個對手都快一百倍，而且即使這樣也只能下成和局（畢竟卡帕布蘭卡只有每個對手百分之一的時間可以思考下一步）。不僅如此，卡帕布蘭卡還得花許多時間從一個棋盤走到下一個棋盤（對手則可以持續全心思考自己的棋局）。七個小時內，卡帕布蘭卡平均每分鐘走十個棋步，同時還得走到棋盤邊，瞥一眼，下一著棋，再走到下一盤棋邊。當然，如果卡帕布蘭卡的強項是算起棋步像閃電一樣快，那他不只要想得和對手一樣快，還必須快上非常多，才能大敗每個對手。簡單來說，如果卡帕布蘭卡的訣竅就是閃電般的計算速度，他的速度八成比別人快上幾百倍，就像台人體超級電腦。

說起來，這個故事對電腦弈棋程式是個滿不錯的示範。當然，電腦程式下西洋棋的能力與程式編寫是否精當有很大的關係，但電腦棋藝在過去數十年突飛猛進，關鍵在於電腦運算的基本速度也有同樣長足的進步。當代的電腦西洋棋程式確實可以達到閃電般的計算速度，每秒分析數百萬種可能的棋勢；所以超快速西洋棋程式如果計算速度比其他程式快上五百或一千倍之類，確實可以同時擊敗一百多個速度慢的下棋程式。這些超快程式就是可以搶在笨拙遲緩的對手之前，先看出對方可能使出的各種棋步與應步，以及這些棋著的各種分叉延伸。

然而，卡帕布蘭卡的大腦並非超快計算機——而且他也不需要這種超快計算能力。只消往棋盤看一眼，他就能回想起過去的棋賽，還有之前下過的好棋壞棋。這點從實驗中可以略知一二：西洋棋特級大師看之前實際的棋局，可以把棋位記得清清楚楚。頂級棋手看了一盤棋五秒鐘後，就能讀懂棋勢的「結構」，知道那些子在進逼哪些子，注意到常見的走法（譬如國王入堡、城堡由一排士兵抵禦，以及中兵前進並由騎士防守等等），簡單來說，就是能找出棋位的**意義**。只要知道意義，不僅就能決定下一步好棋，也能完全記得棋位（除了少數小細節之外）。西洋棋特級大師在幾分鐘甚至幾小時後，還會記得棋子位置。業餘棋手可能認為特級大師不但計算能力驚人，還有絕佳的記憶力。但只要文字是用有意義的方法排列組成，我們就能記得一長串的文字（一如你正在讀的這個句子），這種能力比起特級大師的棋藝也是不遑多讓。不熟悉中文的人可能也會覺得這種能力很驚人，因為他們看不出中文字的意義（對於你不熟悉的文字系統所組成的陌生語言，你也很難記住一長串的文字）。音樂家可以默寫出長篇的樂譜，因為他們可以將樂譜轉換成有意義的曲調（對我們不懂音樂的人來說，五線譜上的連串音符看起來就只是複雜的天書）。在這些情況下，記憶只是理解後附帶產生的結果；換句話說，如果無法解讀，我們就記不住。

這樣看來，特級大師之所以棋藝超群，並不是因為特別聰明，而是透過長期對弈的經驗，學會迅速從棋勢中找出意義。這種能力又是因為他們能將眼前的棋局與記憶中過去的棋局連結，過去的棋局又是在幾千小時的對弈中記下來的。

這個情況還可由兩項進一步的觀察佐證。第一項是特級大師記錯的東西有些共同特性。特級大師對於牽動棋賽走勢的棋子，記憶多少都滿可靠的，但對於無關大局的次要棋子，就不太需要把精確的位置記得一清二楚。相較之下，不下棋的人記錯的類型百百種，對他們來說，這些棋子只是隨便擺在棋盤上，他們看不出棋子彼此間牽一髮動全身的進逼、反制、抵禦關係。

第二項觀察是，相較於一般人，特級大師對一盤隨便擺的棋局，記憶力不會比較好——面對任意排放的棋位，特級大師高明的記憶力隨之告吹，因為把眼前的棋盤與過去記憶中大量的棋局比較時，他們找不出有意義的詮釋[1]。同樣的道理，讀中文的人看到一行沒有意義的中文字，也記不起文字的順序，音樂家對隨意排列的音符，也很難記得特別清楚。

棋手能把眼前的棋勢與過去大量的棋勢連結，所以選擇下一步棋就輕鬆多了（就像熟悉中文的人可以輕鬆地把一句中文接下去，音樂家對一段簡單的曲調可以往下寫一兩小節，聽起來也很自然）。當然，對西洋棋來說，要再往下多想幾步時，可能的棋著數目會激增，但絕大多數棋步都因為不合理而可以刪除。

特級大師的棋藝如此卓絕，並不是因為計算棋步的速度超出對手，可以預先多想好幾步。其實，他們只比業餘棋手多考慮了幾步，但由於經驗豐富，還有更重要的，對棋勢意義做過大量分析，因此能只專注在好的棋步上，忽略其他棋步。

還有，卡帕布蘭卡除了經驗豐富，對西洋棋並沒有一套特殊的「理論」。他寫過好幾本著名的西洋棋書，一本就叫《西洋棋基本原理》（*Chess Fundamentals*），書裡列出許多指導新手的「原理」[2]。然而，這些原理其實只是一些經驗法則，一些幫助說明的範例，而非像「西洋棋版的牛頓定律」那樣的原理。卡帕布蘭卡顯然是想從經驗中擷取出特別有幫助的**例證**，而不是提煉出**原則**。

學下西洋棋就是學著賦予每一盤棋意義，而借助對過去棋局所賦予的意義，新棋局的意義又更加清晰。也許無論在什麼領域，專家之所以傑出，並不是因為心智運算能力特別強，而是因為經驗更加豐富深厚。卡帕布蘭卡之所以能在新棋勢中致勝，是因為過去在賦予棋局意義上有豐富的**先例**，並能以之為師，以更有創意的方式有效運用這些過去的經驗。或許，這也就是技巧、學習、意義、知識一貫的運作方式。我們追尋遍布心靈表層、愈來愈緻密的連結網路，將片刻的思考由舊到新，一層層往上疊加。

知覺與記憶的共鳴

對新棋勢的解讀仰賴一連串對過去棋勢的解讀，同樣地，對每個日常生活情景的解讀，也仰賴大量對過去日常情景的解讀。知覺運作時，會連結感覺訊息與記憶中的過去經驗，而且連結方式往往十分靈活、有創意。我們不會每次都重新解讀每個感覺印象，而會根據過去感覺印象的記憶痕跡來解讀。圖37的「看見一張臉」就很有趣，這幾樣東西分別是皮革包、起司刨絲器、一塊木頭、洗手槽的局部，以表面的形狀和顏色來看，都和人臉扯不上關係，但只要看一會兒，我們就會在這些物品上看出一張臉來，而且不只是臉，還是有個性、有表情，甚至帶著一絲感染力的臉。對這些顯然沒有生命的東西來說，這種解讀實在是自相矛盾。

因此，思考週期組織感覺訊息時，除了訊息本身，還仰賴目前訊息與記憶中過去訊息（譬如之前看過的臉）間的「共鳴」（見圖38）。大腦一次只能詮釋一個字、一張臉、一個圖案，但詮釋時會搜索記憶中過去各種刺激的詮釋，判斷是否與目前的刺激有關。當下與過去刺激彼此是否產生「共鳴」，並非由表面是否相似決定——否則大腦只會根據以前看過的銀色金屬四方形物體去解讀刨絲器，也不會從刨絲器上看出一張臉了。實際上，大腦很快從這個完全不像人臉的物品上看出眼睛嘴巴，正好示範了大腦如何靈活運用過去（對人臉的）記憶，對當下的刺激賦予意義。

圖 37：看見一張臉[3]。

不過，知覺與記憶得以「併行處理」的方式產生共鳴。由於神經細胞反應慢，如果當下的知覺訊息得和大量記憶中每一條逐一比對，速度太慢，根本不可行。還有，大腦解讀新刺激時，也不知道該搜尋哪一部分的記憶——實際上，同時搜尋所有記憶花的力氣也差不多。做出解讀前，大腦根本不知道哪些記憶有關，因此所有記憶都得搜索[3]。

從這個觀點來看，每項新的知覺解讀，都建立在過去解讀的基礎上，我們**從來無法**用「嶄新的眼光」看世界。我們揉雜、改造了過去的解讀，從而生出每一個新的解讀。解讀文字、臉孔、棋局時，每一項知覺解讀，都取決於過去多年對我們的語言書寫系統的經驗、過往多年與人互動的經驗、多年浸淫於西洋棋的經驗本質（如果你下西洋棋的話）。自然，我們依然只能意識到思考的**輸出結果**，也就是當下解讀的結果，無法意識到期間的心理過程，所以自然也不知道究竟運用了哪些記憶，這些記憶又是如何轉化結合，用來解讀目前的刺激。聽人說自己的母語，聲音、詞彙、停頓各方面都清清楚楚，彷彿都是極容易觀察的口語訊號。但遇到完全陌生的語言，耳中就是一串難以理解、無法歸類、一片混沌的聲音。箇中差別就在於對母語，可以把新的說話聲，對應到過去對言談、辭彙、片語等等的大量詮釋，根據記憶中大量對過去言談的詮釋，解讀新的言談。學語言就像學其他技巧，要用上好幾個月或好幾年，一段段破解語言的編碼，而且也只能知道自己目前的成就，摸不透這樣的成就仰賴了多龐大的記憶[4]。

什麼是記憶痕跡？記憶痕跡包含什麼訊息？最自然的解釋是，記憶痕跡不過是過去對知覺輸入的詮釋中，還保留在記憶中的部分。就目前所知，這些殘存的記憶之後不會再重新分類、篩選、修正、清除，腦中也沒有圖書館員會把這些記憶仔細歸檔編目，建立井井有條的檔案庫。某種程度上，每次知覺處理的痕跡就原封不動地留在那裡，大腦馬上就忙著下一個、下下個思考週期了，沒有時間再處理殘存的記憶。

所以大腦不會像個理論家一樣，從經驗中提取深層的抽象原則，而會盡可能專心應付當下，方法是**將「現在」與「融合、轉化後的過去經驗」聯繫起來**。從這個觀點，記憶痕跡就是過去訊息處理的片段，也就是說，記憶痕跡不是缺乏組織的原始感覺訊息，而是留在記憶中的過去**解讀**。所以舉例來說，如果之前從刨絲器上看出一張臉，這個解讀會留在記憶裡，下次再看到類似的刨絲器，就比較容易看出臉——因為我們還記得這個解讀。

反之，沒有解讀的感覺訊息就會遭到遺忘：難以辨識的手寫字、用陌生語言講的一段話、遠方樹梢上沒留心的形影，都就此永遠消失，無法進入記憶，以便在未來分析或影響後來的知覺（附帶一提，由此看來，廣告商或存心不良的人沒辦法靠無法意識的訊

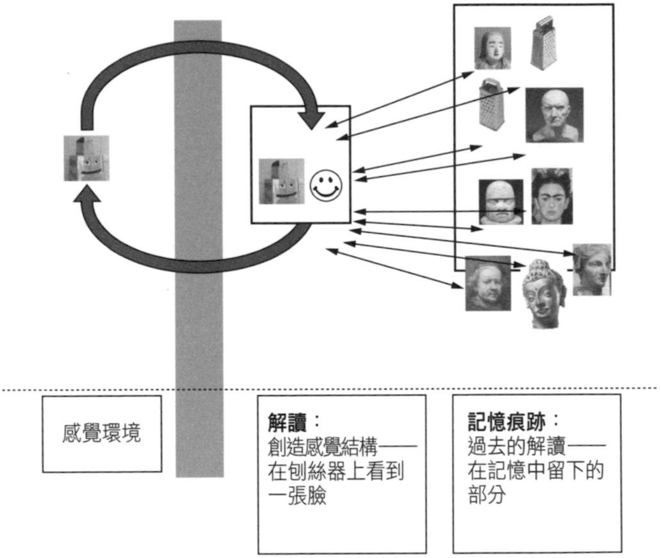

圖 38：知覺與記憶的共鳴。
左側：感覺到模稜兩可的訊息（在這裡是圖 37 中看起來有張臉的起司刨絲器）。
中間：把刨絲器解讀成一張憨憨的笑臉（這個解讀加上了一張笑臉）。
右側：不過，究竟是解讀成刨絲器還是笑臉，取決於過去的相關經驗（圖中顯示看過的刨絲器與笑臉），這表示解讀需要轉化記憶痕跡。

息悄悄控制人心）。

知覺與記憶錯綜複雜地彼此交織，要認出一位朋友、一個字、一段曲調，不只需要整合各方面的知覺訊息，還要整合臉孔、文字、旋律的記憶。所以，舉例來說，認出一張臉時，這張臉不只感覺有點熟悉，還會牽引出和對方有關的事；一個字通常也會連結到意義、發音等等，一段曲調也可以喚起對歌詞、歌手、第一次聽到這首歌的年代等等的記憶。所以解讀源源不絕的感覺資訊得靠記得的大量訊息，而這些記憶中的訊息，也就是過去對感覺訊息的解讀。今天的記憶，來自昨天的知覺解讀。

因此，要知覺到當下的感覺輸入，必須在所需當下，快速喚出、運用「正確」的記憶。想想一生會累積多少記憶，就知道這種能力非常突出；再想想正確記憶和知覺訊息的關係可能很不明顯，就更覺得這種能力實在很了不起。比如說，圖片上看起來是手提包、刨絲器、木頭、洗手槽，卻會喚起臉的記憶（圖37）；紙上寥寥幾筆墨水畫，卻可以看出人物與風景（圖39b）；幾塊幾何圖形變換拼法，就出現火箭、兔子、下跪的人等各式各樣的圖案（圖39a）。當然，充塞在語言與思想中的各種比喻，當中的靈活聯想也令人嘆為觀止——不同的記憶連結得那麼流暢、那麼自然，比如老闆可以「看成」指揮、將軍、機器人，或是大白鯊。

要知道大腦怎麼分析知覺或記憶資訊，可以將訊息（來自記憶或知覺的線索）看成圖案的一部分，把大腦的作業想成要填補圖案的漏洞。不過這無法如實呈現大腦有多麼靈活，能調動某個領域的知識，運用在看似毫不相關的主題上。舉例來說，看到手提包的圖片後，大腦除了添加各種細節（譬如推論手提包只在頂部有開口、出自某個年代或產地、值多少錢），還可能解讀出一張橫眉豎眼、有點嚇人又帶點滑稽的臉。大腦運作總是會用上極為充沛的想像力。

除了運用視覺影像（手提包、

(a) (b)

圖 39：記憶與知覺的互動。（a）四方形切成不同的幾何形狀，就是七巧板（左上），能拼出數不盡的各式人物、動物、物品[6]；（b）畢卡索著名的草圖，畫的是唐吉軻德和助手桑丘，襯著遠方的風車。儘管筆觸潦草，這幾位文學作品中的角色、灼灼烈日下荒涼的西班牙景色卻躍然紙上。

刨絲器、真正的人臉），運用記憶也適用一樣的道理。感覺上各種基本知識、人生經歷、好惡、道德宗教信念隨時供我們同時運用，但實際上，我們一次只能對一組記憶痕跡賦予意義。一旦選定了記憶，賦予意義也是非常靈活迅速，與產生知覺的靈活迅速不相上下。記憶本身不是思想——不是信念、選擇或偏好。只靠「讀取」記憶，無法知道自己在想什麼、喜歡什麼、是什麼樣的人。記憶只是過去想法的片段，有待思考週期去重組、轉化、再利用。

人即慣例

是什麼讓我之所以為我，你之所以為你？我們向來渴望窺探幽深的內心，所以尋找勇敢、堅毅、焦慮、仁慈、殘忍等種種性格特質。內心深處我們究竟是怎麼樣的人？一個人的本質似乎很難斷定，每個人都融合了各種一時的想法與感覺，有時勇敢、有時膽怯；有時坦然、有時不安。但我們不禁會想，種種困惑與矛盾只是表層，表面上波濤洶湧、變幻莫測、令人徬徨，但真正的自我隱藏在內心深處，善惡兼蓄，只是藏得太深，難以揣度。但是之前已經發現，深層心智是種錯覺，根本沒有所謂的內在核心，遑論好壞。

然而，如果心靈是先例的引擎，持續轉化過去的想法與行動來解決現在的問題，那人不僅具有各種性格特徵，更蘊含許多迥異的過去經驗：就像珊瑚，由一隻隻珊瑚蟲聚積而成，堆砌出的形體卻有無窮變化。人之所以獨一無二，就是因為各有獨特的經歷，過去的想法與行為刻畫出各人獨特的路徑。簡單來說，過去的想法和行為層層交織，構成迥然不同的自我，所以每個人都絕無僅有。

聽起來人不過是一種習慣的生物？絕對不是，接下來本書最後一章會談到，大大小小、卓越的想像力可以打破困境，避免盲目地一再重複。我們能轉移對平常人臉的經驗，從手提包和水槽看見臉孔（如圖37）。卡帕布蘭卡、鮑比・費雪（Bobby Fischer）、馬格努斯・卡爾森（Magnus Carlsen）等世界棋王與平常大師、特級大師的分別，不僅在練習的時間長短，更在棋王能精巧縝密地運用過去的先例。我們能即興舞蹈、創作音樂、作畫繪圖、編寫故事、創造想像的世界——這些都不是從零開始，而是來自重新詮釋、重新組織熟悉的元素。

每個人都承襲了自己的過去，發展成一種慣例。但就像對音樂、藝術、文學、語言、法律的慣例，自我的慣例同樣也可以改善、調整、重新詮釋、改頭換面。現在的心靈建立在過去之上，但想像力不必拘束在過去建造的牢籠中；我們可以不斷發展、改造自我。要改變心靈慣有的路徑，過程必定緩慢艱辛，但若能堅毅果決地改變現在，便有望開創嶄新的未來。

依循先例，而非法則

每次思考週期會留下一道痕跡，這道痕跡會影響之後的思考週期。思考就像水滴，會找出自己的路，從高山奔流入海，遵循地貌上的水道，不論是溝塹、溪水或河谷。每一滴水流過，都把水道刻畫得更深一點點。如此一來，地貌既是過去水流的歷史，同時也指引之後的水流。同樣地，心靈也遵循過去思想刻畫出的水道，當下的思想與行動也會留下痕跡，影響未來的所思所為。

水滴會取最陡峭的途徑下山，渾然不覺無盡的水滴流過地表、刻畫出地貌，也渾然不覺自己細微的侵蝕力道，儘管難以察覺，卻可能改變下一顆、下下顆水滴的路徑。同樣地，每個思考週期在記憶留下的痕跡，也可能促進或妨礙未來的思考週期。每個一時的詮釋，都仰賴過去的詮釋，也改造了過去的詮釋。因此，每個思考週期可說逐漸在心靈中刻畫出一條條水道，創造出思想最容易流動的路徑；而每個思考週期解讀當下的感覺資訊時，也會盡可能與過去的感覺解讀一致。

終其一生，流動的思緒會塑造出複雜的紋理，也會遵循這樣的紋理流動，這就是心靈的習性、心智的資料庫。思想刻畫出的紋理，以及在記憶留下的痕跡，造就了特出的心智能力，影響行為，讓每個人獨一無二。這些紋理與痕跡不是外在世界的內在複刻品，也不是各種信念、動機、希望、恐懼，並與地底的神祕地質作用力亦無涉，而是過去思考週期的紀錄。

大腦運作時依循的是先例，不是法則。每個思考週期是靠改造、轉化過去相關思考留下的遺緒，來理解當下關注的資訊。每個思考週期的結果，本身又成為未來思考的原料養分。

因此，早期人工智慧才壯志未酬，找不出自然與社會知識中蘊含了哪些原則；也因此，語言學家找不出生成語言的文法原則，哲學家想爬梳真理、善良、心靈本質的真正意義，找出基礎原則，也從未成功。這些失敗的源頭都相同：人類智慧建立在先例的基礎上，這些先例可能自相矛盾、靈活多變、無拘無束，如果沒有相近的先例則更是如此。但當世界太複雜，我們還無法全盤了解，要面對這樣的世界，需要的正是這種無拘無束[7]。

第十二章　智慧的祕密

這種豐富的想像力正是人類智慧的精髓。正因為能選擇、重組、調整過去的經歷，應付現在的事件，才能在所知有限的情況下，面對無邊無際的世界。

一九五〇年代，加拿大心理學家克雷格・穆內（Craig Mooney）創作了一組特殊的黑白臉孔影像（圖40），起先只是要測試兒童對臉孔認知的發展[1]。不過，思考大腦如何理解這些臉孔，有助概括幾個本書討論過的重要主題，也為探索智慧的「祕密」提供了一個起點。

這些奇特的黑白圖片一開始讓人摸不著頭緒，但一兩分鐘後，愈看愈有趣，一片渾沌中神奇地逐漸浮現眉目。至少在我看來，每張臉都栩栩如生地展現一個特定的人物，處於特別的心情，各具表情、性別、年齡、個性，甚至讓人想起特定的歷史年代。

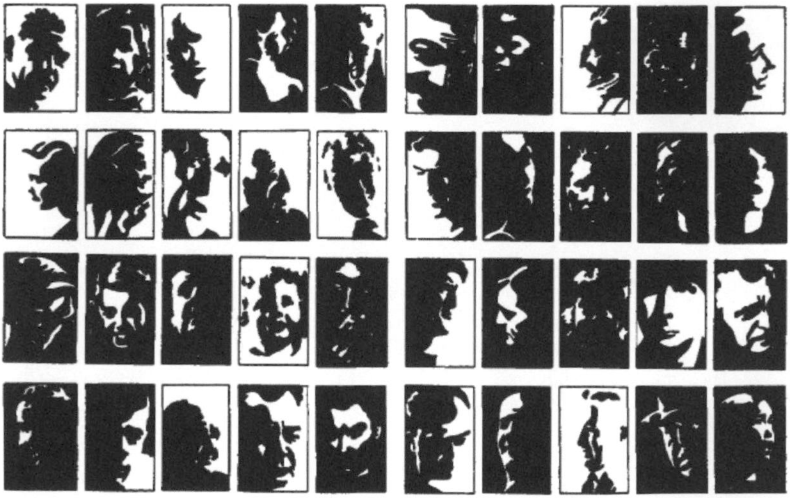

圖 40：穆內的黑白臉孔。許多影像乍看之下很模糊，但仔細一看，這些圖片不只是臉，更是一個個形象完整豐富、充滿生命的人[2]。

簡單的黑白圖案卻充滿生命力與人性，也都十分優雅，有些比起細節豐富的照片簡直不遑多讓。

有些很快就能認出臉孔，有些一開始很模糊，但不知怎地，模糊的光影變化、線條起伏間，肖像就這麼浮現。你可能沒辦法看出所有的臉，說真的，我自己看這些圖片這麼多年，有幾張還是認不出來；不過只要能認出幾張，就已經比目前的電腦視覺技術厲害多了。

仔細想想，我們能從這些極度簡化、充滿風格的圖片上看出臉孔，真的很了不起。這些彷彿木工雕鑿的奇特圖案，和身邊彩色、立體、活生生的人大相逕庭。大腦應該會注意的眼睛、鼻子、嘴巴在哪裡？在破解密碼，認出整張臉前，這些特徵完全付之闕如，整張圖都由黑白斑塊、起伏的線條組成，直到一張人臉終於從一片朦朧中浮現。我們「頓悟」之後，這解讀幾乎會永遠留在記憶裡——原本一團模糊現在成了人臉，也會以人臉的記憶維持下去[3]。

如果覺得挑戰還不夠，可以把書上下顛倒，一開始認出的臉有幾張可能還看得出來，但很多似乎又變得抽象。多給自己一點時間，把書轉正再看一次，慢慢地，愈來愈多臉孔又會忽然浮現。

不管正著看、反著看，觀察穆內的圖片可以得到幾個有意思的結論。反著看，可以真正感受這些影像有多模糊——它們根本沒有可以獨自存在的眼睛耳朵、鼻子嘴巴。正著看，能辨認出一些五官，時而清楚時而模糊——只有認出整張臉才有辦法看出臉上的五官。這種對穆內臉孔的完形認知（也就是整體與部分彼此依存，兩者都要仰賴對方才能看出來），反映出大腦的基本運作方式。看潦草的手寫字時，如果認出整個字，也就認得出這團黏在一起的是哪些字母；聽出一段話，也會同時認出語音、斷字等等（前面說過，如果這段話是用陌生的語言講，聽起來就只是一串模糊的聲音）。用西洋棋的規則來解讀物理運動，一小塊木頭從白色方格移到旁邊的黑色方格，可以解讀成兵出擊敵方的騎士，或再三步就可以將死對手。此外，第五章也看到，庫列雪夫展示了用同樣的表情，如何巧妙地演繹出哀傷、飢餓和欲望。沙克特和辛格的實驗顯示，同樣的生理狀態（腎上腺素上升、心跳加速）是解讀成生氣或開心，就看自己怎麼解讀當下的社會互動（例如對方表現是討厭或有趣）。

另外，即使難以辨認個別五官，整張臉孔仍給我們豐富的感受；我敢說你和我一樣，裡面有些臉如果在警局裡列隊要你認，你也認得出來。從對比分明的黑白影像，跳到立體的真人，差距不可謂不大，可見知覺系統多麼靈活，甚至可以說充滿創意。

人的大腦對臉特別敏銳，哪怕只有一點跡象，也看得出來，穆內臉孔就是最好的例證。即使跡象再微弱，我們還是看得出臉來。記得圖37嗎？最左邊怒目而視的手提袋，在我看來憤怒又傲慢；起司刨絲器看起來像個想討好人的小孩，可能有點不安；那塊木頭看起來很放鬆，或許有點醉了；最右邊的洗手槽看起來心事重重，感覺很焦慮。但最特別的還是我們竟然會把這些圖片看成臉。每張圖和我們見過的真人（甚至動物）的臉都相去甚遠，但這些圖不僅看起來像臉，而且就和穆內臉孔一樣帶有情緒，某種程度上甚至還有個性。要有非常豐富的想像力才能把日常用品扭曲、延伸成典型的人臉，而大腦展現這種想像力是如此迅速自然，我們就算發現，也覺得這種能力沒什麼了不起。

我認為，這種豐富的想像力正是人類智慧的精髓。正因為能選擇、重組、調整過去的經歷，應付現在的事件，才能在所知有限的情況下，面對無邊無際的世界。思考週期不但會被動參考過去的經歷，還會把過去當作原料，充滿創意地創造出現在。

無所不在的隱喻

要說明人腦的創造力多麼無拘無束，最好的例子大概就是思考中無所不在、占據核心地位的隱喻。我們除了把刨絲器看成一張傻笑的臉、覺得洗手槽一臉膽怯，也經常用完全不同的事藉此喻彼。我們形容人情緒沸騰、需要宣洩，情緒低落或高興得飛上天、心裡沉甸甸或輕飄飄、感覺平淡或輕快。腦中可能一團亂、糊里糊塗，也能理清、澄清思緒；心中會塞滿、湧現各種思緒，但也可能一片空白、空虛、荒蕪。思想可以清明澄澈，也可能變得灰暗或陰沉。思考可以鋒銳、有穿透力、精準、有火花、精明、靈光、明晰，或相反地昏聵、魯鈍。言談可以充滿機鋒、鋒利、尖刻，也能熨貼、圓融、圓滑，甚至油滑。形容身體狀況可以說結實或鬆垮、能量充沛或有氣無力，油盡燈枯或新生回春。實際上，把原本的事物「看」成另一種事物，這種行為本身就是一種隱喻，也就是用視覺來代指想法。我們的語言完全沉浸在隱喻裡。

隱喻同樣也瀰漫在思考中，以第一部提到的心靈深度錯覺為例，一旦把思考看成隱藏在心靈的表層之下，似乎很自然地會認為需要「挖掘」想法、讓想法「浮現」，認為有的人想法深奧、有人想法膚淺。而「心智是平的」這個想法，當然也又是一個隱喻，儘管我的目的是用這個隱喻當解藥，對抗大家心中的標準解答。很顯然，**解藥**和**解答**又是兩個隱喻[4]！

只要稍微注意，隱喻就像臉孔一樣無所不在，很難想像說話、思考可以不用隱喻。懷疑的話，試試看重寫這本書裡的幾個句子，把隱喻拿掉、剝掉、移除、切除、刪除、割除、略過、消除，看是否可以完全只用字面的意思來表達。

有些隱喻已經成了語言中的化石（也是隱喻），與原本的意義分手（救命啊，又一個！）。有時候人已經遺忘了這些隱喻的起源，但還是照用不誤。**騎**腳踏車或許是從騎馬延伸而來，但現在腳踏車到處都是，馬卻已經沒幾匹，兩者的關聯已經消失。整部語言（包括這個句子）是座墓園，棲息了諸多垂死或已逝的隱喻。

看見人臉與各種隱喻有許多異曲同工之處。隱喻有三個特徵，首先，得有比較幽微、橫向延伸（又一個隱喻）的思考，來連結兩種看似無干的事物（刨絲器與人臉、隱藏、掩埋、浮現的實物，以及「隱藏」、「掩埋」、「浮現」的思想之間）。其次，隱喻本質上就需要把過去的經驗**轉化**為現在的經驗，比如處理案子懸而未決的問題，就像綁緊鬆開的繩頭一樣。

要把溫和的鯊魚看成泰迪熊，得先對泰迪熊有點認識。要把人看成鯊魚，自己得先接觸過鯊魚，或至少懂些鯊魚的事。隱喻的第三個特徵是雖然能賦予意義，但也容易**誤導**。就像起司刨絲器不是真的急於討好，那塊木頭也沒有真的喝醉，充滿創意、跳躍式的隱喻也可能嚴重失準。比如說，如果像十八世紀的神學家威廉．佩利（William Paley）把自然精巧複雜的機制比喻成鐘表的運作，就很容易推導出自然必定有一位設計者，智慧與技藝超越所有的鐘錶匠。當然，演化生物學的解釋非常不同。

究竟哪一項隱喻比較適切，往往是不同思想彼此角力的焦點：光是粒子還是波？人是直起身子的大猩猩，還是落入凡塵的天神？自然是和諧的群落，還是彼此對抗的殘酷戰爭？這類隱喻可不是枝微末節，而是思想的精髓所在。我們不斷尋覓意義，就是希望借助過去，努力在當下經驗中找出固定的模式，所以才會用一物來代指另一物：洗手槽看成臉，心靈看成容器、大海、內在世界。隱喻也借助對某物的了解，對世界某個部分賦予**意義**。日常生活常接觸水波（無論是水窪、池塘、大海的水波），這些經驗幫我們了解聲音、光線、重力的波動性質（干涉、折射、繞射等等）；對水流的直覺認知，也有助了解熱流、電流的概念。

再舉最後一個有趣的例子，想想「比手畫腳」這個遊戲。有人在你耳邊小聲說一本書、一首歌、一部電影的名字，然後你要想辦法透過手勢和動作，讓隊友知道答案。我們一會兒可能變成一頭張牙舞爪的狗，想表達《巴斯克維爾的獵犬》（*The Hound of the Baskervilles*）這本書，一會兒可能絞盡腦汁想比出玫瑰花蕾[5]，比不出來又會跛著腳、假裝拿著一根枴杖，想表達《大國民》（*Citizen Kane*）這部電影。最不可思議的應該是我們竟然可以玩比手畫腳這種遊戲，有辦法用動作裝出齜牙咧嘴的狗，來表達書裡著名的獵犬；用手勢暗示玫瑰花的莖幹、尖刺、花朵，甚至花蕾；可以像拄著拐杖一樣走路，儘管拐杖連個影子都沒有。而且做起來自然而然、毫不勉強，不需要好幾年的精心準備與排練。

努力想破解我們動作的隊友，面臨的挑戰和「看見一張臉」有點類似，必須從表演者種種動作舉止中，找到一些解答的線索，不管這個線索多飄渺（隊友對表演者的了解、共同的文化知識等等，也能提供額外的線索）。表演者的挑戰則相反，必須創造類似「看見獵犬」、「看見玫瑰花」、「看見拐杖」的感覺訊息，還得臨場發揮。

現在重點又回到尋找解讀這件事上了。我們可以用創意**轉化過去的經驗**，並破解其中的意義——從書名轉化為獵犬，再轉化為猛撲的獵犬（我們不會模仿獵犬在睡覺或正要喝碗裡的水），再對應到身體動作，模仿出一頭想像中的獵犬。想做到這點，首先需要豐富的知識——你得了解這本書的主旨，大概知道故事主題是惡犬攻擊，也要知道怎麼用人體動作來模仿（手臂變成前腿、手指變成狗爪等等）；接著再巧妙地轉化這些知識。玩過比手畫腳的人都知道，這些模仿和猜測都很不精準，你原本想摹擬那頭獵犬揮舞爪子和齜牙咧嘴的模樣，但別人可能以為你在表演《侏儸紀公園》（*Jurassic Park*）。

想像力與智力

要從手提包或看似無意義的黑白圖案中看出人臉，運用隱喻和發明故事，以及創作、欣賞歌曲與藝術，需要特出的想像力。這樣充沛的想像力或許看似迷人卻不實際，主要屬於人文領域。畢竟，繪畫和雕塑的世界裡，對人的臉孔（甚至其他種種事物）不乏眾多極為簡略、不完整、失真的描繪；文學中也充斥各種隱喻，用一個角色或故事來表現其他角色或故事，還得用腦從文字、舞台上的演出、電視或電影銀幕上的動作，看出對整個世界的仿擬。

人類為何會發展出如此豐沛的想像力？生存和繁衍肯定不是仰賴在無生命的物品上看見臉孔、用方向（高或低）來看情緒、用光來看個性（一端是光彩奪目、耀眼、明亮、出色，另一端是昏瞶、無神），或用一連串的故事（不管可信或純粹只是狂想）來解釋周遭世界。演化天擇的鐵律為什麼沒有淘汰掉這種童心，偏好突擊隊生存技巧之類的特性？人類在性方面被塑造的似乎只重視繁衍，又怎麼產生充滿無盡創意的浪漫愛情風光？

就算暫且把演化放一邊，只考慮現代生活的需求，你可能還是覺得自由自在的想像力儘管有趣迷人，依舊不如心智務實的核心任務：了解周遭世界、決策與規畫、傳達精準的指示與觀察。大多數人在受了幾年正式教育，在繁文縟節的複雜體制中工作幾年後，這種想法可能更根深柢固。思考的精華本來就不是奇思妙想，而應該是紀律與控制，不是嗎？人很容易感覺想像力不過是不值一哂的玩意兒，儘管引人注目，卻是可有可無。

但前面說過，事實恰恰相反：要認識世界、了解他人，不能沒有豐富的想像力，如此才能借助過去的經驗，運用到一個遼闊無邊、不斷出乎意料的世界。用有紀律的方式思考（學電腦編程、演奏交響樂、證明數學定理）限制了想像力能馳騁的方向；我們要費很大的勁才能學會在重重限制下思考。老實說，我認為要讓思考有紀律之所以困難，就是因為要有紀律，必須馴服、約束脫韁的想像力。思考的本質其實非常靈活——我們會以為思考的精髓是規範與控制，只是因為必須專注意識才能做到規範與控制。靈活的想像力因為無所不在，反而變得習焉而不察。

仔細想想，即使在解答與智力密切相關的「邏輯」問題時，也能察覺奔放的想像力。以下幾道智商測驗題或許有點眼熟，請花幾分鐘做做看：

(1)**空間**之於**尺**，就像**時間**之於：A：節拍器，B：精密計時器，C：時鐘，D：碼表

(2)聲音之於回聲，就像光線之於A：影子，B：反射，C：折射，D：鏡子

(3)多次複製之於成對複製，就像等分之於A：分割，B：分段，C：分級，D：對半分

這類智力問題除了測驗心智的彈性，也測試精準度。以第一題為例，要找出時間與空間的關係，尺度量空間中兩點的距離，那用什麼度量時間中兩點的距離？對啦，就是碼表（時鐘度量時間，而非兩時間的差距，所以不是那麼理想的答案）。但要找出對應關係並不容易（也可能有爭議）。

來到第二題，聲音從表面（峽谷山壁或洞穴頂部）**反彈**時，有時會聽到同樣的聲音，也就是**回聲**。若來自某物體的光從表面（例如鏡子、平靜的池塘水面）反彈，有時會看到該物體的影像，也就是**反射**。因此B是正確答案。

第三題，把基因、電腦檔案、樂譜複製成一份或多份時，稱為多次複製（replicate）。如果製作出完全一模一樣的一份，則稱為成對複製（duplicate），會得到兩份同樣的基

因、檔案或樂譜。等分一個數字（也就是做除法），就是把數字等量均分成幾部分；而把數字均分成兩部分，稱為對半分。因此D是正確答案。

解這些題目和解數獨、把大數作平方很不一樣。對開放式智商測驗問題來說，就連理解問題都得用到想像力。比如說，**空間**和**尺**這兩個字到底有什麼關係？尺會占據空間？尺度量空間？空間沒有統治者（ruler，和尺的英文同一個字）——也就是空間不受人統治？統治者通常有寬敞的居住空間？你腦中肯定從沒閃過這些怪里怪氣的答案，因為還要找出**空間**和**時間**的關係，所以後面幾個想法肯定偏了。所以，**空間**和**時間**大概得從抽象方面思考。我們可能想到尺可以度量空間，但答案裡有好幾個選項都可以度量時間（**精密計時器**、**時鐘**、**碼表**）——所以還找不出唯一解答。再思考一陣，會想到尺和碼表都測量間距（空間或時間的間距），但時鐘只能測量絕對值。這個解讀至少選出唯一解答（**碼表**）來和**時間**配對。當然還有很多方法可以選出唯一解答，但有些方法比較合乎常理。

假設我們推論：尺可以把空間分成均等的間隔，而節拍器也可以把時間分成均等的間隔，所以選答案A。這個推理似乎有點牽強，因為尺除了均分空間還有很多功能（特別是尺有度量標計，節拍器沒有）。

還有個推理更沒說服力：空間（space）和尺（ruler）的第一個字母在字母順序上相連，「r」在「s」前面。時間（time）這個字是「t」開頭，所以答案應該是以「t」前面的那個字母「s」開頭。選項中的確有個唯一解是以「s」開頭，也就是碼表（stopwatch）。這樣一來也選到了「正確」答案，只不過背後的推理相當牽強。畢竟這樣一來，就只能以「純屬巧合」來解釋會什麼所有詞彙都和時間、空間、度量有關。

所以，這些智商測驗不像數獨或算術有定義精確的解答（而且可以系統地找出解答），而是非常開放式的問題，評估我們能不能發現詞彙間（或詞彙的意義之間）豐富的隱喻關係，並找出自然合理的對應關係，剔除古怪扭曲的關係。

但是，對這種類推問題，**什麼才算**正確答案？這沒有確切的標準，但最佳解答應該是多數人的共識——或許不是大多數人認為的答案，但應該是在說明之後，大多數人認為最好的答案[6]。

這其實和「看見一張臉」中解讀臉孔的問題差不多，那些模稜兩可的圖案可以有各種解讀，多數人覺得圖37的手提袋看起來像怒目而視的臉，但可能也有人想到貓頭鷹、垃圾桶、魚嘴、甲蟲。但是，不是所有解讀都平起平坐，大家還是會有個共識。的確，一旦從「找到一張臉」裡面**看出了臉**，之後就很難再看成其他東西了。想像力——也就是在複雜的開放問題中構思多種解讀的能力——似乎正是許多智商測驗想測量的能力。因此，智慧的祕密是充滿想像力的解讀，而不是「冷冰冰的邏輯」。

但是智慧需要嚴謹地約束想像力，不能想到什麼解讀或隱喻就脫口而出。舉例來說，把氣體看成三度空間中一團微小、無摩擦力、不斷彼此碰撞的撞球，是種很有效的類比——實際上這正是物理學的標準模型。要理解幾兆個分子的微觀特質，如何導致壓力、溫度、體積等等「宏觀」的觀測發現，這個模型非常重要。例如，假設先以二度空間的觀點來看，想像撞球桌急遽擴張——撞球還是會像以前一樣繼續移動碰撞，但現在變得稀疏很多，所以球碰到球桌兩側的數量也少很多，相當於壓力下降。或假設兩張撞球桌靠在一起，一張的撞球稀疏，以飛快的速度四處衝撞，另一張球的密度高很多，但平均移動速度慢得多。如果移開分隔兩張撞球桌的隔離物，那麼球的密度和平均速度會逐漸相等。球的速度相當於氣體撞球模型中的溫度——所以這表示一開始兩團不同的「氣體」，交會後溫度會逐漸相等，密度（即撞球的擁擠程度）和壓力（球撞擊到桌邊）也會下降，變得均衡。

結果氣體的撞球模型非常好用，已經成為描述氣體各種已知行為的基礎。這個模型優雅地聯結了小氣體分子的微觀行為（其運動大致遵守牛頓的運動定律，同樣的定律也適用拋物體和行星），以及氣體的運作方式。要發展、運用像氣體撞球模型這樣的類比，必須非常謹慎敏銳；這樣的模型不能只是異想天開的比喻，必須嚴謹、有精確的數字，還必須透過實驗，了解這個模型適用、不適用的領域。這種精心發展的類比是眾多科學領域的基礎。

但我認為，未必因此得改用完全不同的思考方式，例如改用想像中那種冷冰冰的邏輯，不帶感情地評估想像力的成果。我們應該分別「鎖定」問題中不同的訊息，引導思緒逐步尋找其他解讀，檢查解讀是否合理等等。要根據類比做出乎意料的預測，判斷如何代入已知的數學，確定該進行哪些重要實驗，這一切都需要原創力與靈感，不是只要轉動把手就辦得到。靈活的創造力經過善加控制與引導，能推動智慧發展，並有助找出適當的類比，即使在科學領域也不例外。

智慧機器路迢迢

如果**人類**智慧的祕密，在於心靈極具彈性，能用充滿想像力的方式來看複雜、開放式的訊息，解讀出豐富多變的模式，這對**人工**智慧（如第一章討論）的前景有什麼影響？

我認為影響深遠。如之前所說，早期科學家想提煉出人類的「理性」與知識並編成電腦資料庫，但徹底失敗。我們認為思想行為深處潛藏著共同法則，卻發現這種法則只是錯覺。其實，人類智慧來自先例，也來自有能力延伸、調合、再造這些先例，面對無邊無際的新世界。智慧的祕訣就在能極度聰明靈活地改造舊事物，以處理新事物。然而這如何達成，背後的祕密尚未破解。

計算型智慧在過去半個世紀有重大進展，但不是因為複製人類靈活的想像力。因為靈活的想像力，我們看到中年男子在比手畫腳的遊戲裡捶胸頓足、揮舞拳頭，能知道他要表達《金剛》（*King Kong*）這部片，或從穆內的黑白圖片裡看到人物與豐富的感情，或透過變化無窮、鋪天蓋地的隱喻來看世界。計算型智慧的方法非常不同，只關心下西洋棋或算術這類完全不需要自由詮釋、可以簡化成大量計算程序的問題，再以閃電般的速度執行運算。此外，計算型智慧對語音辨識、機器翻譯、常識判斷測驗等非常有用，可以從過去多不勝數的例子大量吸收解答，用來解決稍有變化的新問題[7]。

然而，對人類智慧，或更廣泛的生物智慧來說，最了不起的地方是這些智慧靈活到不可思議。大腦可以從透納（J. M. W. Turner）迷濛的畫作、德布西（Debussy）的管弦交響樂《大海》（*La Mer*）看到或洶湧或平靜的海景；可以從卡通人物、皮影戲偶或芭蕾舞者的動作中演繹出人生群像；可以從彈性材料的特性連接到精神狀態（緊張、緊繃／放鬆、四面八方拉扯、快繃斷了、僵直、無法動彈、有／沒有彈性、僵硬，脆弱、撕裂）；也可以看出水、聲、光、無線電、震動、繩索振動，甚至重力本身「波紋」（ripple）彼此的關係。對我們來說，這些能力似乎很尋常。

然而，我認為心智的彈性正是人類智慧如此出色、特別的關鍵[8]。我們賦予世界充滿創意，且往往富含隱喻的解讀，這些解讀與迄今機器能複製的一切差別極大。

對於那些和我一樣，深深著迷於人工智慧的人，此間寓意在於能透過「蠻力」而非靈活思考解決的心智活動，也就是例行、重複、界定明確的活動，應該會更加自動化。這個趨勢遠在二百五十多萬年前，位於現今坦尚尼亞的奧杜維峽谷（Olduvai Gorge）發展出石製工具就開始了。這股趨勢在工業革命時期加速壯大，人與科技聯手能達到的成就，遠遠超出人類單打獨鬥。我們一而再、再而三驚奇地發現，原本以為必須由人投入全副心力才能解決的任務，竟然可以用標準化、機械化的過程解決，而且往往更有效率。靈巧嫻熟的人工編織，常常可以由精準的手搖織布機代勞，一八〇〇年左右再由蒸汽驅動、打洞卡控制的雅卡爾織布機取而代之，今天電腦織布機更能達成驚人的生產力。每個階段，環境都變得更精確、更標準化，也有愈來愈多工作可以交給機器。

同樣地，數位化和大數據興起能創造出更平滑、定義更精確的世界，在這個世界，電腦能運作得比我們出色許多。但是，人類智慧的祕密在於能從最缺乏組織、最意想不到、最變化萬千的重重訊息中找出模式——鎖定手提袋，看出怒目而視的一張臉；鎖定一組黑白圖案，看出獨特、充滿感情的人；在複雜混亂的物理世界與心理世界中，找出對照和隱喻。這些都遠遠超出了現代人工智慧的能力。

人類智慧的精華，便是透過挪用、轉化過去經驗，盡情賦予世界種種意義，有了智慧，再多費點心，就能更冷靜地思考。觀察心靈的活動，也清楚指出心智運作的自然模式，那就是尋找能驅動我們的詮釋，也就是努力尋找意義。循序漸進的意識思考並不會取代尋找意義的這番努力，只是將之導向正途。

害怕機器大軍的人應該覺得有點安慰。如果想像力和隱喻是人類智慧的祕密，這個祕密或許可以安然鎖在人的大腦中幾個世紀，甚至永遠鎖下去。

結語：改造自己

我們的大腦設下騙局，唬弄了每個人。大腦在即興發揮上特別有才華，可以在當下創造出顏色、物體、記憶、信念、偏好，編出一段故事，說出一套理由。大腦編故事的功力也十分到家，騙倒每個人，讓大家以為大腦不是當下編出這些想法，而是從原本潛藏在內心的顏色、物體、記憶、信念、偏好中撈捕出來的；內心如海洋般深奧，意識只是那波光粼粼的表面。但是，這種深層內心世界不過是向壁虛構，是大腦自己創作的小說。並沒有原本就隱藏在心靈深處的信念、欲求、偏好、態度，甚至記憶；事實上，心靈根本沒有深處可以讓東西隱藏。心靈是平坦的：表層就是僅有的一切。

因此，大腦總是孜孜不倦地發揮高超技巧，時時刻刻都在即興發揮。但就像舞蹈、音樂、說故事等其他即興創作一樣，新鮮的想法從來不是無中生有，而是來自過去即興創作的片段。每個人根據過去獨一無二的經歷，再加上善於創造的奇妙大腦，就能重新運用過去的經歷，創造出新的知覺、想法、情感和故事。過去的經歷是層層累積而來，使得有些思考模式對我們很自然，有些則很奇怪或令人不自在。但是，我們擷取過去經驗之餘，也能不斷改造自己；引導這樣的改造工作，就能塑造自己的現在與未來。

所以我們不會讓藏在幽暗內心的無情力量推著走。相反地，思想和行動由過去的思想和行為轉變而來，我們往往也有充分的自由與判斷力來決定要參考哪些經歷、允許哪些轉變。既然今天的思想行動就是明天的經歷，我們的確就是透過一次次思考，重新塑造自己。

這個故事有點陌生，也有點違反直覺。這個故事讓人懷疑自己對心智運作的每個看法，包括自己究竟「看」到、「感覺」到什麼、記憶的本質、決策、人格。在這個故事裡我們找不到自己，因為根本沒有自己。的確，這是個關於騙局、陰謀、錯覺的故事，層層籠罩，讓人霧裡看花——甚至沒注意到有層霧要吹散。但這個故事也訴說了一百多年來，心智科學研究如何一步步揭開騙局。一旦破解內在世界、真實自我、精神深度、無意識心靈力量等種種魔咒，就能更清晰地看見自己：我們能發揮無邊的創造力，即時做出最切合當下的推斷，還能源源不絕地運用充滿創意的隱喻，不斷融合零散的訊息、統整為連貫的整體。我們與自己創造出來的形象截然不同，卻更為難能可貴。

你可能會想：是沒錯啦，可是人還是需要信念和動機來解釋為什麼想法和行為有意義，不是隨便東拼西湊出來的。我們內心一定有大大小小、重要而真確的事實在引導行動方向，決定我們重視什麼、相信什麼、熱愛什麼。然而，如果心智是平的，儘管人對自己、對別人有一套見解，但信念和動機其實無法影響人的行為——因為內在信念並不存在，而動機只是一種投射，不是現實。

另一方面，重重先例——先前的想法和行為經過一連串的調整轉化，成為新的想法和行為——可以提供迥然不同，但更有說服力的解釋，說明思考井然有序（偶爾則是雜亂無章）的本質。此外，從個人思考來到整體社會，文化就像是共同的先例——我們的所做、所需、所想、所說，建立起社會整體秩序與個人秩序。我們可以制定新的先例，一起漸進創造出共同的文化。但新的先例來自過去的共同先例，所以文化也創造了我們。分開來看，個人的「自我」片段、零碎，極為脆弱，是只有寥寥數筆的文學創作。然而同心協力下，我們建立的生活、組織、社會非常穩定一致。

這種不斷改造的概念可能讓人暈頭轉向、不知所措，特別在明白大腦的騙局一旦揭開後，想用一把客觀、外在的尺度來評斷個人和社會的行為，不但不切實際，也完全無法維繫。畢竟，我們的基礎並不穩固，新的想法、價值和行為只能在沿襲的先例傳統中獲得證實或評判。當然，就像在法律一樣，應該援引哪些先例、以哪些先例為主，可能有所爭議。這不代表事事都可能發生，但的確代表建構生活和社會是開放性的創造過程，而用來評判決策及行為的標準，也來自同樣的創造過程。簡單來說，生活這場遊戲，我們除了下場參與，還自己制定規則、自己記分。

這種觀點看似會造成惡夢般的相對主義：每個觀點都一樣有效或同樣可疑。但事實恰好相反，如果沒有最終基準來評判什麼樣的生活或社會才算美好，生活與社會的挑戰就是找出個人本身或個體之間在想法上的衝突，並加以解決。因循舊例或許是保守政治的驅動力，而期望不同傳統彼此交流，甚至最終彼此協調，則是自由主義政治傳統背後的驅動力。例如，言論自由原則旨在促成公眾辯論，連結不同時代、個體、群體當下的想法，而且這樣的辯論可以透過數學或科學方法記錄下來。自由市場、金錢、貿易、現代經濟體系透過交換貨品、勞務、金錢，連結起不同的偏好選擇。如果某一刻的決定可能侵害同一個人或不同人未來的決定，民主政治和法治可以解決不同行為間潛在的衝突。因此，在自由主義的社會，我們不只在乎自己的夢想、寫自己的故事，還會不斷努力把大家的故事連結在一起，凝聚為一體。

然而，即使在可以交流偏好、信念、行為的自由社會，以先例為基礎的思考方式本質上也很保守。那麼，知覺重組、頓悟、改信不同宗教、思想與政治革命又怎麼會發生？有個可能是，記憶很脆弱，所以常常可以重新開始，想出不同的答案。我們忘掉舊的「故事」，創作出新的故事。

但是還有另外一種可能：改變故事的**一部分**會引發一連串影響深遠的後果。我們要記得，儘管先例強調過去的地位，但一連串的先例可以逐步改變，最後徹底改頭換面。法律和政治制度可以在幾代間轉變，儘管每一個步驟都是來自對過去的詮釋與重新詮釋。數學家可能得先用過去的推理方法，來證明整個理論自相矛盾，甚至推論出許多先例（過去由該理論推導出的「結果」）必須放棄。個人可能會逐漸接受或不再相信邪教領袖，或宗教、政治典籍，可能接受或放棄一項目標、計畫、關係——或者以一百萬種其他方式改變生活。因此，哪些算是可以依循的先例，評斷標準可能一變再變。我們舉步蹣跚，想往更好的「故事」邁進，但只能從現有的故事開始，創造新的故事。

而且，絕不能認為文化或智慧變得更有條理，就必然代表進步。我們必須時刻保持警惕，不要讓自己或社會僵化成有條有理卻充滿壓迫的先例體系。同時也切記，沒有神祕的內心力量能束縛我們：任何「牢籠」都出於自己的想像，也能用想像拆除。如果心智是平的——如果我們可以想像出自己的心靈、生活、文化——也就能想像光明的未來，並付諸實現。

註釋

前言：深厚的文學，淺薄的心靈

1. D. Dennett, *Consciousness Explained* (London: Penguin, 1993), p. 68.
2. 將內省比喻為感知內在世界，這樣的比喻有好幾種。我們檢視自己的良知、尋找（或失去）自我，努力了解自己是誰，有什麼樣的信念與價值觀。許多人質疑對心智的這種一般性解釋，其中影響我想法最深的人是Daniel Dennett、Paul Churchland、Patricia Churchland、Gilbert Ryle、Hugo Mercier、James Russell、Dan Sperber等等。有篇非常有影響力的研究，質疑各種一般性解釋在心理上是否真有統一的規律：L. Rozenblit and F. Keil (2002), 'The misunderstood limits of folk science: An illusion of explanatory depth', *Cognitive Science*, 26(5): 521–62.
3. 威廉・馮特（Wilhelm Wundt）一八七九年在德國萊比錫創立了第一座心理學實驗室，實驗著重於內省實驗法，例如請受試者描述不同知覺刺激帶給他們什麼樣的經驗。之後哲學與心理學持續包含現象學的成分，而現象學的目標就是從「內在世界」來了解、探討心靈與經驗。我認為這類方法明顯缺乏貢獻，現象學無法探討心靈深度的錯覺，只是讓我們落入這樣的錯覺之中。
4. 這裡說的懷疑論者包括行為學家，例如吉爾伯特・雷爾（Gilbert Ryle）、史金納（B. F. Skinner），直接知覺理論派如詹姆斯・吉卜森（J. J. Gibson）與邁可・特維（Michael Turvey），還有受現象學影響的哲學家，例如赫伯特・德瑞福斯（Hubert Dreyfus）。保羅・徹蘭（Paul Churchland）與派翠西亞・徹蘭（Patricia Churchland）向來認為通俗的大眾心理學在科學上可信度不高，比大眾物理學或大眾生物學好不到哪裡去。多年來我對這個觀點有時贊成（請見N. Chater and M. Oaksford (1996), 'The falsity of folk theories: Implications for psychology and philosophy'，出處：W. O'Donaghue and R. F. Kitchener (eds), *The Philosophy of Psychology* (London: Sage), pp. 244–56），有時反對（我現在覺得反對是錯的，可參考N. Chater (2000), 'Contrary views: A review of "On the contrary" by Paul and Patricia Churchland', *Studies in History and Philosophy of Biological and Bio-medical Sciences*, 31: 615–27）。本書中許多想法要歸功於哲學家丹尼爾・丹尼特以「實用主義」觀點，對通俗心理學解釋與意識經驗本質的討論（D. C. Dennett, *The Intentional Stance* (Cambridge, MA: MIT Press, 1989)），及D. C. Dennett, *Consciousness Explained*

(London: Penguin, 1993)）。

5. 我和好友兼同事，康乃爾大學的莫頓・克里斯汀生（Morten Christiansen）對於人如何學習、使用語言有些共同研究（例如 Morten H. Christiansen and N. Chater, *Creating Language: Integrating Evolution, Acquisition, and Processing* (Cambridge, MA: MIT Press, 2016); Morten H. Christiansen and N. Chater (2016), 'The now-or-never bottleneck: A fundamental constraint on language', *Behavioral and Brain Sciences*, 39, e62），本書第二部有些觀點與這些研究有密切關係。

6. 我和好友兼同事，康乃爾大學的莫頓・克里斯汀生（Morten Christiansen）對於人如何學習、使用語言有些共同研究（例如 Morten H. Christiansen and Chater, *Creating Language: Integrating Evolution, Acquisition, and Processing* (Cambridge, MA: MIT Press, 2016); Morten H. Christiansen and N. Chater (2016), 'The now-or-never bottleneck: A fundamental con- straint on language', *Behavioral and Brain Sciences*, 39, e62），本書第二部有些觀點與這些研究有密切關係。

第一章　創造的力量

1. 因為所有人類都有共同祖先，說到底我們都是精靈族隔了不同世代、不同遠近的親戚。既然所有生命都有共同遠祖，我們和池塘裡的水藻也是一表三千里的遠親了。

2. 門德松在以下這本書及許多其他引人入勝的文章中，說明許多小說的描寫極度簡略，讀了之後能想像出的影像也非常模糊。然而，主觀上我們還是覺得自己沉浸在另一個豐富的感官世界。P. Mendelsund, *What We See When We Read*（New York: Vintage Books, 2014）.

3. 同樣的道理也可以推展到所有科學和數學主題上，從化學、生物學、經濟學、心理學，到數學與邏輯，也一樣有說服力。

4. 對此有兩篇特別複雜且有影響力的文章：J. McCarthy and P. J. Hayes (1969), 'Some philosophical problems from the standpoint of artificial intelligence', in B. Meltzer and D. Michie (eds), *Machine Intelligence* 4 (Edinburgh: Edinburgh University Press, 1969)，及 P. J. Hayes, 'The naive physics manifesto', in D. Michie (ed.), *Expert Systems in the Micro-Electronic Age* (Edinburgh: Edinburgh University Press, 1979)。必須特別指出，人工智慧之所以有所進展，並非因為

解決了了解人類知識方面的困難問題，而是因為策略性地繞過這些問題。早期人工智慧發現的問題現在依然非常重要，而且大多依然無解。

5. 我同事麥克・奧克斯弗（Mike Oaksford）和我把這稱為常識理論的碎形本質（fractal nature of common-sense knowledge）：一連串推理中的每一步，似乎都和整串推理一樣複雜。M. Oaksford and N. Chater, *Rationality in an Uncertain World: Essays on the Cognitive Science of Human Reasoning* (Abingdon: Psychology Press/Erlbaum (UK), Taylor & Francis, 1998).

6. L. Rozenblit and F. Keil (2002), 'The misunderstood limits of folk science: An illusion of explanatory depth', *Cognitive Science*, 26(5): 521–62. 我們對複雜政治議題的了解似乎也一樣膚淺；政治立場特別極端的人，了解似乎特別膚淺，這點似乎不意外：P. M. Fernbach, T. Rogers, C. R. Fox and S. A. Sloman (2013), 'Political extremism is supported by an illusion of understanding', *Psychological Science*, 24(6): 939–46.

7. 題外話：隨著哲學變異成各種理論，包括心理學、機率、邏輯、決策理論、博弈理論等等，也就變得和物理學一樣，徹底脫離了原本直觀的基礎。理論有許多意涵大幅違反直覺，但這無法避免，因為我們的直覺原本就自相矛盾。對我來說，哲學最了不起的地方就是往往能延伸出一套理論，超越原本的「直覺配對」，而且這套理論就像物理學一樣，能自己發展下去。

8. 生成語法的研究目前還在苦撐，但未來如果真有人能寫下英語或其他語言的生成文法，這可能性是愈來愈低了。實際上，杭士基和追隨他的學者也逐漸不再從實務的角度做相關研究，轉而訴諸抽象的理論與哲學思考。過去數十年來，語言學的一項新運動：句式語法（A. E. Goldberg, *Constructions at Work* (New York: Oxford University Press, 2006); P. W. Culicover and R. Jackendoff, *Simpler Syntax* (New York: Oxford University Press, 2005)），便放棄了「文法是一種理論」的觀點，徹底接受語言零碎的本質。這個觀點也符合實際狀況，包括語言是學習而來的，而且語言會隨時間一點一點變化，但不是整個系統全盤重組。（M. H. Christiansen and N. Chater (2016), 'The now- or-never bottleneck: A fundamental constraint on language', *Behavioral and Brain Sciences*, 39, e62; M. H. Christiansen and N. Chater, *Creating Language* (Cambridge, MA: MIT Press, 2016）.

9. 多個自我的看法很普遍，從早期精神分析（例如 Sigmund Freud, *Das Ich und das Es*, (Leipzig, Vienna and Zurich: Internationaler Psycho-analytischer Verlag, 1923); English translation, *The Ego and the Id*, Joan Riviere (trans.) (London:

Hogarth Press and Institute of Psychoanalysis, 1927)），到現代的認知科學（例如：S. A. Sloman (1996), 'The empirical case for two systems of reasoning', *Psychological Bulletin* 119: 3–22; J. S. B. Evans (2003),'In twominds: Dual-process accounts of reasoning', *Trends in Cognitive Sciences*, 7(10): 454–9），不一而足。

第二章　真實的感覺

1. 萊爾納．潘洛斯（Lionel Penrose）與羅傑．潘洛斯（Roger Penrose）這對父子檔後來自行發現了圖1左邊三角形的變化版（L. S. Penrose and R. Penrose (1958), 'Impossible objects: A special type of visual illusion', *British Journal of Psychology*, 49(1): 31–3），他們發現的三角形簡潔優雅，後來稱為潘洛斯三角形（Penrose triangle）。路德斯維德沒有幾何學的底子，作畫全憑直覺，他畫出這個三角形時還在學校念書。潘洛斯父子則都是優秀的學者，羅傑．潘洛斯將幾何學應用在數學物理學中，研究結果傑出。儘管這兩組人一開始差距這麼大，竟然可以分別發現同樣的圖形，這點讓我驚訝又敬佩。
2. 哲學家理查．羅逖（Richard Rorty）有個著名的觀點，認為這個鏡子隱喻是西方思想重大的錯誤轉折（R. Rorty, *Philosophy and the Mirror of Nature* (Princeton, NJ: Princeton University Press, 1979)）。不管這個說法對不對，如果把心智看成自然的一面鏡子，外在世界透過鏡子反映在內在世界，在了解知覺上肯定是個錯誤的轉折。
3. 嚴格來說，二維的「不可能物體」存在三維判讀，但這種三維判讀看起來是很奇怪的幾何物體，也違反圖案某一部分的自然解讀。
4. http://www.webexhibits.org/causesofcolor/1G.html.
5. http://www.scholarpedia.org/article/File:Resolution.jpg.
6. http://www.bbc.co.uk/news/science-environment-37337778.
7. J. Ninio and K. A. Stevens (2000), 'Variations on the Hermann grid: an extinction illusion', *Perception*, 29(10): 1209–17.
8. K. Rayner and J. H. Bertera (1979), 'Reading without a fovea', Science, 206: 468–9; K. Rayner, A. W. Inhoff, R. E. Morrison, M. L. Slowiaczek and J. H. Bertera (1981), 'Masking of foveal and parafoveal vision during eye fixations in reading', *Journal of Experimental Psychology: Human Perception and Performance*, 7(1): 167–79.

9. A. Pollatsek, S. Bolozky, A. D. Well and K. Rayner (1981), 'Asymmetries in the perceptual span for Israeli readers', *Brain and Language*, 14(1): 174–80.

10. G. W. McConkie and K. Rayner (1975), 'The span of the effective stimulus during a fixation in reading', *Perception & Psychophysics*, 17(6), 578–86.

11. E. R. Schotter, B. Angele and K. Rayner (2012), 'Parafoveal processing in reading', *Attention, Perception, & Psychophysics*, 74(1): 5–35; A. Pollatsek, G. E. Raney, L. LaGasse and K. Rayner (1993), 'The use of information below fixation in reading and visual search', *Canadian Journal of Experimental Psychology*, 47(2): 179–200.

12. E. D. Reichle, K. Rayner and A. Pollatsek (2003), 'The E–Z Reader model of eye-movement control in reading: Comparisons to other models', *Behavioral and Brain Sciences*, 26(4): 445–76.

13. 使影像在視網膜上保持固定，使眼睛無法移動掃視，會使我們了解影像不同部分的能力大幅下降。不過，即使不移動眼睛，還是可以有限度地轉移注意力，所以我們雖然很難改看視覺影像的不同部分，但並非完全做不到。

14. R. M. Pritchard (1961), 'Stabilized images on the retina', *Scientific American*, 204: 72–8.

15. 相關研究無法盡數，這裡提出的只是一部分。影像固定後是否真的完全消失、無法改變，這點仍有爭議。我們很難完全控制眼球不動，眼球只要稍微震顫就可能注意到變化（H. B. Barlow (1963), 'Slippage of contact lenses and other artefacts in relation to fading and regeneration of supposedly stable retinal images', *Quarterly Journal of Experimental Psychology*, 15(1): 36–51; E. Arend and G. T. Timberlake (1986), 'What is psychophysically perfect image stabilization? Do perfectly stabilized images always disappear?', *Journal of the Optical Society of America A*, 3(2): 235–41）.

16. A. Noë (2002), 'Is the visual world a grand illusion?', *Journal of Consciousness Studies*, 9(5–6): 1–12; D. C. Dennett, '"Filling in" versus finding out: A ubiquitous confusion in cognitive science', in H. L. Pick, Jr, P. van den Broek and D. C. Knill (eds), *Cognition: Conceptual and Methodological Issues* (Washington DC: American Psychological Association, 1992); D. C. Dennett, *Consciousness Explained* (London: Penguin Books, 1993).

第三章 剖析騙局

1. 圖（a）取自 A. L. Yarbus (1967), *Eye Movements and Vision* (New York: Plenum Press)，經許可轉載；圖（b）取自 Keith Rayner and Monica Castelhano (2007), 'Eye movements', *Scholarpedia*, 2(10): 3649, http://www.scholarpedia.org/article/Eye_movements.

2. J. K. O'Regan and A. Noë (2001), 'A sensorimotor account of vision and visual consciousness', *Behavioral and Brain Sciences*, 24(5): 939– 73; R. A. Rensink (2000), 'Seeing, sensing, and scrutinizing', *Vision Research*, 40(10): 1469–87.

3. 轉載自 Brian A. Wandell, *Foundations of Vision* (Stanford University): https://foundationsofvision.stanford.edu.

4. L. Huang and H. Pashler (2007), 'A Boolean map theory of visual attention', *Psychological Review*, 114(3): 599, Figure 8.

5. 這樣的話，用彩色方格圖來做視網膜固定影像實驗應該會發現很有意思的現象，譬如某種顏色組成的圖案可以看到，但其他圖案就完全看不到。就我所知還沒有人做過這個實驗，但應該會很有趣。

6. 圖案除了顏色一樣，如果有其他共同特質，也可以被「包膜」在一起，譬如一致沿著同一條斜線排列、一起同步移動（像是一群鳥）。

7. J. Duncan (1980), 'The locus of interference in the perception of simultaneous stimuli', *Psychological Review*, 87(3): 272–300.

8. Huang and Pashler (2007), 'A Boolean map theory of visual attention', *Figure* 10.

9. 不過，每塊方格看起來的顏色，會受旁邊方格的顏色影響。實際上，圖中每一個方格看起來的顏色，會因為和旁邊方格比較，受到複雜微妙的影響（早期的重要研究請見：E. H. Land and J. J. McCann (1971), 'Lightness and retinex theory', *Journal of the Optical Society of America*, 61(1): 1–11）。重點是，儘管相鄰的顏色會互相影響，知覺的結果依然依序出現，我們還是一次只會看到一種顏色。

10. D. G. Watson, E. A. Maylor and L. A. Bruce (2005), 'The efficiency of feature-based subitization and counting', *Journal of Experimental Psychology: Human Perception and Performance*, 31(6): 1449.

11. Masud Husain (2008), 'Hemineglect', *Scholarpedia*, 3(2): 3681, http:// www.scholarpedia.org/article/Hemineglect.

12. Nigel J. T. Thomas, 'Mental Imagery', in the *Stanford Encyclopedia of Philosophy*, Edward N. Zalta (ed.): http://plato.stanford.edu/archives/fall2014/entries/mental-imagery/

13. 可上網觀賞這段有趣互動的影片：<https:// www.youtube.com/watch?v=4odhSq46vtU>.

第四章　反覆無常的想像

1. 這就是所謂影像的陰極射線管理論（請見：S. M. Kosslyn, *Image and Mind* (Cambridge, MA: Harvard University Press, 1980)）。

2. 哲學家丹尼爾．丹尼特在他的書 *Consciousness Explained* 中探討了「心智是內在劇場的舞台」這個錯覺。芝農．派立辛（Zenon Pylyshyn）向來不認同把影像看作圖片，我的想法深受他影響（Z. W. Pylyshyn (1981), 'The imagery debate: Analogue media versus tacit knowledge', *Psychological Review*, 88(1): 16)）。

3. G. Hinton (1979), 'Some demonstrations of the effects of structural descriptions in mental imagery', *Cognitive Science*, 3(3): 231–50.

4. 譯註：《辛普森家庭》（*The Simpsons*）的人物，誤把肝當成腎，以為只要一顆肝就可以活下來，所以想賣掉一顆肝臟賺錢。

5. J. Wolpe and S. Rachman (1960), 'Psychoanalytic "evidence": A critique based on Freud's case of little Hans', *Journal of Nervous and Mental Disease*, 131(2): 135–48.

6. Wolpe and Rachman (1960), 'Psychoanalytic "evidence": A critique based on Freud's case of little Hans'.

7. S. Freud, 'Analysis of a phobia in a five-year-old boy 'Little Hans' (1909), *Case Histories* I, Vol. 8, Penguin Freud Library (London: Penguin Books,1977).

8. Wolpe and Rachman (1960), 'Psychoanalytic "evidence": A critique based on Freud's case of little Hans', quoting Freud.

第五章 創造感覺

1. 請上網看 <http://www.imdb.com/name/nm0474487/bio>;
2. http://www.elementsofcinema.com/editing/kuleshov-effect.html.
3. 請上網看 <https://www.youtube.com/watch?v=DGA6rCOyTh4>;
4. L. F. Barrett, K. A. Lindquist and M. Gendron (2007), 'Language as context for the perception of emotion', *Trends in Cognitive Sciences*, 11(8): 327–32. 經許可轉載，原始照片為 Doug Mills/ New York Times/Redux.
5. http://plato.stanford.edu/entries/relativism/supplement1.html.
6. W. James, *The Principles of Psychology* (1890), 2 vols (New York: Dover Publications, 1950).
7. J. A. Russell (2003), 'Core affect and the psychological construction of emotion', *Psychological Review*, 110(1): 145; J. A. Russell (1980), 'A circumplex model of affect', *Journal of Personality and Social Psychology*, 39(6): 1161.
8. P. Briñol and R. E. Petty (2003), 'Overt head movements and persuasion: A self-validation analysis', *Journal of Personality and Social Psychology*, 84(6): 1123–39.
9. Briñol 及 Petty (2003) 用不同的說法解釋他們的研究結果，稱為自我確認理論（self-validation theory）。他們認為點頭不是在肯定訊息本身，而是「確認」自己的想法（也就是聽到牽強的論點時，內心自言自語：「胡說，這根本一派胡言！」），用實驗區別這些方法應該不容易，但會很有趣。
10. D. G. Dutton and A. P. Aron (1974), 'Some evidence for heightened sexual attraction under conditions of high anxiety', *Journal of Personality and Social Psychology*, 30(4): 510.
11. B. Russell, *The Autobiography of Bertrand Russell* (Boston, MA: Little, Brown & Co., 1951), p. 222.
12. 譯註：英國第一枚面值一英鎊的金幣，由英格蘭王亨利七世於一四八九年發行，採用二十三克拉含金合金製作，相當 95.83% 含金量。

第六章　編造選擇

1. 維基百科：http://upload.wikimedia.org/wikipedia/commons/6/60/Corpus_ callosum.png.
2. M. S. Gazzaniga (2000), 'Cerebral specialization and interhemispheric communication: Does the corpus callosum enable the human condition?', *Brain*, 123(7): 1293–326.
3. L. Hall, T. Strandberg, P. Pärnamets, A. Lind, B. Tärning and P. Johansson (2013), 'How the polls can be both spot on and dead wrong: Using choice blindness to shift political attitudes and voter intentions', PLoS ONE 8(4): e60554. doi:10.1371/ journal.pone.0060554.
4. P. Johansson, L. Hall, S. Sikström and A. Olsson (2005), 'Failure to detect mismatches between intention and outcome in a simple decision task', *Science*, 310(5745): 116–19. 經許可轉載。
5. P. Johansson,L. Hall, B.Tärning, S.Sikström and N. Chater (2013),'Choice blindness and preference change: You will like this paper better if you (believe you) chose to read it!', *Journal of Behavioral Decision Making*, 27(3): 281–9.
6. T. J. Carter, M. J. Ferguson and R. R. Hassin (2011), 'A single exposure to the American flag shifts support toward Republicanism up to 8 months later', *Psychological Science*, 22(8): 1011–18.
7. E. Shafir (1993), 'Choosing versus rejecting: Why some options are both better and worse than others', *Memory & Cognition*, 21(4): 546– 56; E. Shafir, I. Simonson and A. Tversky (1993), 'Reason-based choice', *Cognition*, 49(1): 11–36.
8. K. Tsetsos, N. Chater and M. Usher (2012), 'Salience driven value integration explains decision biases and preference reversal', *Proceedings of the National Academy of Sciences*, 109(24): 9659–64.
9. Tsetsos, Chater and Usher (2012), 'Salience driven value integration explains decision biases and preference reversal'.
10. 相關文獻豐富，經典參考資料包括：D. Kahneman and A. Tversky, *Choices, Values, and Frames* (Cambridge, UK: Cambridge University Press, 2000); C. F. Camerer、G. Loewenstein and M. Rabin (eds), *Advances in Behavioral Economics* (Princeton, NJ: Princeton University Press, 2011)、Z. Kunda, *Social Cognition: Making Sense of People* (Cambridge, MA: MIT Press, 1999).

11. P. J. Schoemaker (1990), 'Are risk-attitudes related across domains and response modes?', *Management Science*, 36(12): 1451–63; I. Vlaev, N. Chater and N. Stewart (2009), 'Dimensionality of risk perception: Factors affecting consumer understanding and evaluation of financial risk', *Journal of Behavioral Finance*, 10(3): 158–81.

12. E. U. Weber, A. R. Blais and N. E. Betz (2002), 'A domain-specific riskattitude scale: Measuring risk perceptions and risk behaviors', *Journal of Behavioral Decision Making*, 15(4): 263–90.

13. 這個偏好的「建構論」觀點（指偏好在詢問當下才出現），數十年來已獲得廣泛肯定（P. Slovic (1995), 'The construction of preference', *American Psychologist*, 50(5): 364）。然而，許多經濟學家與心理學家仍未完全接受這個觀點的重要性，依舊認為人心中有個「深藏不露」、穩定的偏好，只是因為特定的測量方法而失真。

第七章　思考的週期

1. 經典的討論：J. A. Feldman and D. H. Ballard (1982), 'Connectionist models and their properties', *Cognitive Science*, 6(3): 205–54.

2. 連結論者與「神經網路」運算模型自一九四〇年代起便與傳統的「數位」電腦觀點對立（見 W. S. McCulloch and W. Pitts (1943), 'A logical calculus of the ideas immanent in nervous activity', *Bulletin of Mathematical Biophysics*, 5(4): 115–33）並在心理學與認知科學引發爆炸性的討論，相關著述包括 G. E. Hinton and J. A. Anderson, *Parallel Models of Associative Memory* (Hillsdale, NJ: Erlbaum, 1981)，及 J. L. McClelland, D. E. Rumelhart and the PDP Research Group, *Parallel Distributed Processing*, 2 vols (Cambridge, MA: MIT Press, 1986)。最先進的機器學習現在廣泛採用神經網路的概念，但諷刺的是，因為現實因素，運用這種技術的正是傳統的數位電腦。打造類人腦的硬體在現階段還是太困難、太僵化。

3. 雖然大腦神經細胞彼此相連，構成類似單一網路的東西，但這並非全貌。大腦就像個人電腦，似乎也有專門的硬體用來處理特定的問題，例如影像、聲音等感覺訊息的「低階」處理，以及基本的動作控制。另外，可能還有在某種程度上獨立的神經網路，用於其他特定作業（例如處理臉孔、文字、一段話）。至於大腦究竟發展了哪些有「特殊功能」的機制、這些機制是先天內建還是後天習得，以及最重要的，這些機制「獨立封閉」而不受腦其他訊息干擾的程度有多少，都是很重要的問題。

4. 近期研究回顧請見：C. Koch, M. Massimini, M. Boly and G. Tononi (2016), 'Neural correlates of consciousness: progress and problems', *Nature Reviews Neuroscience*, 17(5): 307–21.

5. W. Penfield and H. H. Jasper, *Epilepsy and the Functional Anatomy of the Human Brain* (Boston, MA: Little, Brown, 1954).

6. 譯註：常出現在體育賽事，看台觀眾依序站起再坐下。

7. 經許可轉載自：B. Merker (2007), 'Consciousness without a cerebral cortex: A challenge for neuroscience and medicine', *Behavioral and Brain Sciences*, 30(1): 63–81; redrawn from figures VI-2, XIII-2 and XVIII-7 in Penfield and Jasper, *Epilepsy and the Functional Anatomy of the Human Brain*.

8. B. Merker (2007), 'Consciousness without a cerebral cortex: A challenge for neuroscience and medicine', *Behavioral and Brain Sciences*, 30: 63–134.

9. G. Moruzzi and H. W. Magoun (1949), 'Brain stem reticular formation and activation of the EEG', *Electroencephalography and Clinical Neurophysiology*, 1(4): 455–73.

10. 心理學家與神經學家會發現這些想法擷取自許多前人的觀點，從完型心理學對組織的重視，巴特萊特（Frederic Bartlett）認為人類的記憶會「努力追求意義」，到歐瑞克．尼瑟爾的知覺循環、對注意力極限的各種實驗，歐瑞根與諾埃（O'Regan and Noë）的意識理論，潘菲爾德早期腦外科手術令人驚訝的結果，畢昂．梅克（Björn Merker）將腦部深層（皮質下）結構對意識經驗的重要作用提出學說。我的目標是將各種相關發現與學說，組織成有條理的模式，雖然和許多之前的理論很相似，但大概不完全相同。

11. 正因為我們只會看到穩定、有意義的世界，全然不會察覺大腦涉及的複雜計算，所以剛接觸心理學、神經科學的人往往很意外大腦竟然需要做這些計算。人很容易想像世界原本就呈現在我們眼前與耳邊，不需要多餘的解讀。但實際情況正好相反，大腦約有一半都全年無休地專門用來做知覺分析（指大多數人同意屬於知覺分析的那些作業）。但之後會看到，知覺的範圍或許不只如此。

12. 心理學早期，對於人是否有沒有影像的思考，是極具爭議的問題。奧圖．克普（Otto Külpe, 1862-1915）與他符茲堡大學（University of Würzburg）的學生曾提出知名的研究報告，說思考抽象概念時，曾感受到無法言喻、難以形容的意識狀態。克普認為這種缺乏一切感官特質的神祕經驗，有重要的理論意義。其他早期的心理學家，例如曾在德國求學，後來在美國紐約州北部康乃爾大學成立實驗室的英國心理學家愛德華・特屈納（Edward Titchener, 1867-1927），則回報沒有這樣的經驗。有意思的地方或許是，在美國造成激烈辯論，在心理學界掀起一波漣漪。我個人很難想像無法言喻、沒有感覺特質的經驗是什麼樣的一種經驗，對我來說這就像想像一個四邊三角形一樣困難。

第八章　意識的關卡

1. Kevin O'Regan。J. K. O'Regan, *Why Red Doesn't Sound Like a Bell: Understanding the Feel of Consciousness* (Oxford: Oxford University Press, 2011).
2. Redrawn with permission from A. Mack and I. Rock (1999), 'Inattentional blindness', *Psyche*, 5(3): Figure 2.
3. Redrawn with permission from Mack and Rock (1999), 'Inattentional blindness', Figure 3.
4. J. S. Macdonald and N. Lavie (2011), 'Visual perceptual load induces inattentional deafness', *Attention, Perception, & Psychophysics*, 73(6): 1780–89.
5. 要產生不注意視盲及聽盲，刺激必須是警覺系統的「雷達」偵測不到的程度。不論我們多專心判斷中央的十字形，如果出現明亮的閃電或爆炸巨響，警覺系統一定會偵測到，把注意力從十字形拉到出乎意料、嚇人的刺激上。而注意兩組資訊並不符合這個狀況。嚇人的閃電或爆炸聲會讓注意力離開目前的視覺分析作業，而且應該會大幅降低我們判斷十字形直線長短的正確率。
6. 經許可轉載自 R. F. Haines (1991), 'A breakdown in simultaneous information processing', in *Presbyopia Research*, ed. G. Obrecht and L. W. Stark (Boston, MA: Springer), pp. 171–5.
7. U. Neisser, 'The control of information pickup in selective looking', in A. D. Pick (ed.), *Perception and its Development: A Tribute to Eleanor J. Gibson* (Hillsdale, NJ: Lawrence Erlbaum Associates, 1979), pp. 201–19.
8. 這項實驗又有了新的版本，把撐傘的女人換成穿大猩猩裝的演員，結果成為 YouTube 上的熱門影片。D. J. Simons and C.F. Chabris (1999), 'Gorillas in our midst: Sustained inattentional blindness for dynamic events', *Perception*, 28(9): 1059–74.

9. 關於注意力有一項「晚期選擇」論，認為多個物體、臉孔、字詞都受到「深層」分析，但接下來注意力只會選擇大概一個物體，見 J. Deutsch and D. Deutsch (1963), 'Attention: Some theoretical considerations', *Psychological Review*, 70(1): 80

10. 這並不表示大腦只會處理與當下注意的物體、字詞、臉孔、圖案有關的資訊。實際上，因為大腦不知道哪些新的資訊屬於當下這幅「拼圖」，所以無可避免會處理一些無關的資訊。曾有學者以實驗巧妙地證實了這個現象。實驗請受試者戴上耳機，左右兩耳分別播放不同內容，並指示受試者注意聽左耳的聲音，並立即重複。這時，受試者會完全不知道另一邊耳機的聲音在說什麼（D. E. Broadbent, Perception and Communication (Oxford: Oxford University Press, 1958); N. P. Moray (1959), 'Attention in dichotic listening: Affective cues and the influence of instructions', *Quarterly Journal of Experimental Psychology*, 11: 56–60）。比如說，受試者不會發現沒注意的那一邊耳機在說外語，或反覆唸同一個字。但這時如果突然將兩邊耳機播放的內容對調，讓左耳聽到的句子自然地在右耳接下去，受試者往往會「追隨」著轉換到另一耳的句子（A. Treisman (1960), 'Contextual cues in selective listening', *Quarterly Journal of Experimental Psychology*, 12: 242–8）。因為大腦一直在搜尋和現在這幅拼圖最搭配的新「數據」，如果一片新的拼圖竟然和目前這幅拼圖十分吻合，大腦就會牢牢「抓住」這段新資訊。然而思考週期必然是序列式的，我們一次只能把新資訊放入一幅心智拼圖中。

11. 當然，大腦要能判斷哪些資訊組合在一起結果會有意義。即使我們一次只能拼一組拼圖，還是得大概知道其他塊拼圖的樣子，才能判斷它們不相干。舉例來說，拼一幅鄉間風景的拼圖時，如果注意到某幾塊拼圖的圖案是飛機引擎的一部分，可能就會把這幾塊拼圖放到一邊。同樣地，對於無法組成有意義形態的資訊，大腦也會賦予意義，但只是為了判斷這些資訊不相干而已。

12. 關於眼動與閱讀歷程，最普遍的模型是 E–Z Reader 模型，這個模型便認為，注意力移動完全是序列式的，從一個字移到下一個字，不會重疊——儘管能一次同時閱讀許多字的好處很多。注意力一次只會鎖定、理解一個字，處理完再進行到下一個字，這正是思考週期觀點的一個例子（相關文獻可參考：E. D. Reichle, K. Rayner and A. Pollatsek (2003), 'The E–Z Reader model of eye-movement control in reading: Comparisons to other models', *Behavioral and Brain Sciences*, 26 (4): 445–76）。

13. G. Rees, C. Russell, C. D. Frith and J. Driver (1999), 'Inattentional blindness versus inattentional amnesia for fixated but

ignored words', *Science*, 286(5449): 2504–507.

14. 不過，知覺有些比較原始的部分或許不需要注意力就可以掌握。為了讓注意力可以挑選、鎖定視覺或聽覺刺激的特定面向，這或許是必需的處理能力。在此我們不需要考慮大腦不涉及思考週期時可以擷取到哪些訊息，這是一個很棘手的問題，但請注意，這樣的情況下大腦無法辨認世界中「有意義」的事物，例如文字、臉孔、物體，而主要集中在感覺訊息本身的特質（例如偵測到明亮的斑塊、質地、邊緣——雖然這幾項是否都在前注意階段就能偵測，也不是毫無爭議）。範例請見：L. G. Appelbaum and A. M. Norcia (2009), 'Attentive and pre-attentive aspects of figural processing', *Journal of Vision*, 9(11): 1–12; Li, Zhaoping (2000), 'Pre-attentive segmentation in the primary visual cortex', *Spatial Vision*, 13 (1): 25–50.

15. D. A. Allport, B. Antonis and P. Reynolds (1972), 'On the division of attention: A disproof of the single channel hypothesis', *Quarterly Journal of Experimental Psychology*, 24(2): 225–35.

16. L. H. Shaffer (1972), 'Limits of Human Attention', New Scientist, 9 November: 340–41; L. H. Shaffer, 'Multiple attention in continuous verbal tasks', in P. M. A. Rabbitt and S. Domic (eds), *Attention and Performance* V (London: Academic Press, 1975).

第九章　無意識思考的迷思

1. H. Poincaré, 'Mathematical creation', in H. Poincaré, *The Foundations of Science* (New York: Science Press, 1913).

2. Paul Hindemith, *A Composer's World: Horizons and Limitations* (Cambridge, MA: Harvard University Press, 1953), p. 50；網路版本：<http:// www.alejandrocasales.com/teoria/sound/composers_world.pdf>。

3. 請讀者聽聽看一小段鋼琴曲，例如亨德密特的第三號鋼琴奏鳴曲（賦格曲），我敢說沒有人會相信這麼複雜優美的曲子能在靈光乍現中構思出來（除非用最模糊、廣泛的意義來解釋「構思」）。實際上，亨德密特竟然會認為這樣動人複雜、延續好幾分鐘的音樂，能瞬間在意識中完全成形，真的很奇怪。不過接下來會發現，亨德密特的話不應該完全從字面上去理解。

4. 左圖：R. L. Gregory (2001), The Medawar Lecture 2001: 'Knowledge for vision: vision for knowledge', *Philosophical*

Transactions of the Royal Society Lond B*, 360: 1231–51。右圖由心理學家 Karl Dallenbach 所繪。

5. U. N. Sio and T. C. Ormerod (2009), 'Does incubation enhance problem solving? A meta-analytic review', *Psychological Bulletin*, 135(1): 94.
6. 也許我們睡著時大腦沒有別的事，所以可能出現無意識心智活動？不太可能，晚上大部分時間大腦穩定一致的腦波活動，和進行大量心智活動時的腦波完全不同——畢竟睡覺時大腦在休息。睡覺時有短時間在做夢，這時的腦波雖然和清醒時類似多了，但這時大腦忙著做別的事：在夢中創造奇怪、紛亂的影像與故事。
7. Hindemith, *A Composer's World: Horizons and Limitations*, p. 51.
8. J. Levy, H. Pashler and E. Boer (2006), 'Central interference in driving: Is there any stopping the psychological refractory period?' *Psychological Science*, 17(3): 228–35.
9. 在需要判斷某個信號（閃光、嗶聲、雷達螢幕上的飛機）是否出現的作業中，心理學家通常使用「偵測作業」。這項作業略為複雜一點，需要將信號分類為一兩類（信號出現一次或兩次）。
10. J. Levy and H. Pashler (2008), 'Task prioritization in multitasking during driving: Opportunity to abort a concurrent task does not insulate braking responses from dual-task slowing', *Applied Cognitive Psychology*, 22: 507–25.
11. E. A. Maylor, N. Chater and G. V. Jones (2001), 'Searching for two things at once: Evidence of exclusivity in semantic and autobiographical memory retrieval', *Memory & Cognition*, 29(8): 1185–95.

第十章　意識的分野

1. 經許可轉載自：M. Idesawa (1991), 'Perception of 3-D illusory surface with binocular viewing', *Japanese Journal of Applied* Physics, 30(4B), L751.
2. 之後會講到大腦運作時不是根據通用法則計算，而是根據一系列範例外推。這點很重要，不過不影響這裡的論點。
3. 已有學者提出傑出的理論分析大腦如何考量現有的資料，找出最適合解讀，另外，也有許多學者提出巧妙的神經系統「理想」版本（有些看來可執行強大的運算）。但大腦如何解決這類問題，細節肯定仍有待釐清（見J. J. Hopfield (1982), 'Neural networks and physical systems with emergent collective computational abilities', Proceedings of the National Academy of Sciences of the United States of America, 79(8), 2554–8）. 也有理論說明這類網路如何從經驗中學會規範外在世界的條件，這很重要（例如：Y. LeCun, Y. Bengio and G. Hinton (2015), 'Deep learning', Nature, 521(7553): 436–44.）

4. 不過以數位計算機來說，比較少在整個限制網路執行合作式運算，通常還是採用比較序列式方法搜尋網路。

5. 直接知覺在心理學界受到廣泛討論，這個觀點之所以吸引人，我認為正是因為我們只能意識到思考週期的產出結果，對於相關計算一無所知，而且因為思考週期的速度太快，才產生了這樣的錯覺，以為意識經驗必定與現實緊緊相依。

6. H. von Helmholtz, *Handbuch der physiologischen Optik*, vol. 3 (Leipzig: Voss, 1867). 引文出自英文譯本：*Treatise on Physiological Optics* (1910) (Washington DC: The Optical Society of America, 1924–5).

7. D. Hume (1738–40), *A Treatise of Human Nature: Book I. Of the understanding*, Part I V. Of the sceptical and other systems of philosophy, Section VI. Of personal identity.

8. 譯註：前面說過，我們只能意識到感覺訊息。

9. 從這個觀點來看，我們在想什麼這個問題有必要和意識問題嚴格畫分開來。給兩個人聽同一段對話，但一個人聽到的，是一群人在討論一對真實情侶的遭遇，只是剛好兩人一個叫凱瑟琳，一個叫希斯克里夫（《咆哮山莊》男女主角的名字）；而另一個人聽到的，是一群讀書俱樂部的人在討論《咆哮山莊》小說情節。如果兩個人都想著「可憐的凱瑟琳！」這句話，兩人的意識經驗是相同的，但第一個人在想的是實際上是真人（雖然聽者可能不認識對方），第二個人在想的實際上是小說人物（儘管聽者有可能不知道是哪位小說人物，甚至不知道這位凱瑟琳是小說人物）。儘管「意識」與「意義」的本質都很有趣也很難解，但「意識」與「意義」兩者是不同的。

10. 舉例來說，推理、決策、社會認知的「雙重歷程理論」就是採取這個觀點（可參考：J. S. B. Evans and K. E. Frankish, *In Two Minds: Dual Processes and Beyond* (Oxford: Oxford University Press, 2009); S. A. Sloman (1996), 'The empirical case for two systems of reasoning', *Psychological Bulletin*, 119(1): 3–22）. 諾貝爾獎得主、心理學家丹尼爾．克里曼（Daniel Kahneman）咸認也採取這個觀點（例如：D. Kahneman, Thinking, Fast and Slow (London:

Penguin, 2011），不過他的觀點比較不明顯。

11. 例如：P. Dayan, 'The role of value systems in decision making', in C. Engel and W. Singer (eds), *Better Than Conscious? Decision Making, the Human Mind, and Implications for Institutions* (Cambridge, MA: MIT Press, 2008), pp. 51–70.

12. 心理學有一小群人想證明無意識會影響我們的行為（可參考這篇出色的回顧：B. R. Newell and D. R. Shanks (2014), 'Unconscious influences on decision making: A critical review', *Behavioral and Brain Sciences*, 37(1): 1–19）. 從目前的觀點看來，這沒有證明的必要：我們永遠只會意識到思考的輸出結果，對於起源的猜測永遠只是虛構。這個觀點帶來的結果，就是所有「無意識影響思考」的現象，都無法表示無意識思考真的會暗地影響決策與行動，並和意識決策歷程彼此競爭（雖然這樣的結論很常見，請見：A. Dijksterhuis and L. F. Nordgren (2006), 'A theory of unconscious thought', *Perspectives on Psychological Science* 1: 95–109）。反之，這樣的現象其實完全符合思考週期的觀點，思考引擎只有一部，思考的結果總是能意識到，但思考的起源永遠無法意識。

我們一定要下結論，說每個人對產生思想和行為的歷程，都完全一無所知嗎？我本人只花了一個思考週期，就確定是這樣沒錯。但有意識的深思熟慮，像是對填字遊戲的提示思考多種解答、下西洋棋先預想棋步、評估某個行動的利弊——則涉及許多個思考週期，每個思考週期都會讓人意識到一些有意義的組織（可能的解答詞彙、設想棋步的影像、講述利弊的一段話）。每個思考週期的輸出結果會成為下個週期的原料——如果我們的想法有條有理，不是在胡思亂想的話。

13. 例：K. A. Ericsson and H. A. Simon (1980), 'Verbal reports as data', *Psychological Review*, 87(3): 215–51.

14. J. S. Mill, *The Autobiography* (1873).

15. 譯註：古印度史詩。

第十一章　依循先例，而非原則

1. 西洋棋手心理學分析的經典研究：A. D. de Groot, *Het denken van de schaker [The thought of the chess player]* (Amsterdam: North-Holland Publishing Co., 1946); 更新版譯本：*Thought and Choice in Chess* (The Hague: Mouton, 1965; 修正二版出版於一九七八年); W. G. Chase and H. A. Simon (1973), 'Perception in chess', *Cognitive Psychology*,

4: 55– 81; and more recently, F. Gobet and H. A. Simon (1996), 'Recall of rapidly presented random chess positions is a function of skill', *Psychonomic Bulletin and Review*, 3(2): 159–63.

2. J. Capablanca, *Chess Fundamentals* (New York: Harcourt, Brace and Company, 1921).

3. 可參考：http://justsomething.co/the-50-funniest-faces-in- everyday-objects/. 第三張照片係經許可轉載自 Ruth E. Kaiser of the Spontaneous Smiley Face Project.

4. 這個觀點和第七章大腦組織圖配合得天衣無縫。腦的皮質下結構對知覺詮釋很重要，是通往感覺的中繼站，但也會投射到整個大腦皮質，且投射路徑是雙向路徑，這種雙向路徑界於目前的知覺詮釋，與記憶痕跡的皮質表徵之間，對於知覺與記憶產生共鳴不可或缺。

5. M. H. Christiansen and N. Chater (2016), 'The now-or-never bottleneck: A fundamental constraint on language', *Behavioral and Brain Sciences*, 39: e62; M. H. Christiansen and N. Chater, *Creating Language* (Cambridge, MA: MIT Press, 2016).

6. http://restlessmindboosters.blogspot.co.uk/2011/06/tangram-constru- cao.html.

7. 人類智慧建立在先例上，也就是發生過的各種事情，這個想法的傳統悠久，出現在各種領域，包括人工智慧（例：J. Kolodner, *Case-Based Reasoning* (San Mateo, CA: Morgan Kaufmann, 1993), 機器學習與統計學 (e.g. T. Cover and P. Hart (1967), 'Nearest neighbor pattern classification', *IEEE Transactions on Information Theory*, 13(1): 21–7）、心理學（例：G. D. Logan (1988), 'Toward an instance theory of automatization', *Psychological Review*, 95(4): 492）等等。法則也很重要，但法則是在事件發生後才創造出來，而且本身也成為新的先例，可以修改與調整，而不是成為僵化的規則，不斷地重複使用。

第十二章　智慧的祕密

1. C. M. Mooney (1957), 'Age in the development of closure ability in children', *Canadian Journal of Psychology*, 11(4): 219–26.

2. Mooney, 'Age in the development of closure ability in children', 219.

3. 這樣的記憶或許並非永不磨滅，不過根據我的經驗，看影像時只要一瞬間產生「頓悟」，似乎一輩子都不會忘記。

4. G. Lakoff and M. Johnson, *Metaphors We Live By* (Chicago: University of Chicago Press, 1980).

5. 電影主角生前只留下「玫瑰花蕾」這句遺言，整部電影圍繞著一名記者為了追查遺言的意義而展開。

6. 這種說法幾乎可以肯定是過分簡化了。如果有些人擅長找到答案，找到的答案大家也都同意，那麼我們可能就相信他們可以為更棘手、我們都一籌莫展的問題定義答案。當然，很多領域就是這樣運作——我們相信數學家或文評比我們更清楚什麼是真正重大的數學突破或重要的小說。也許我們相信這些「專家」（如果他們真的是專家的話），是因為他們在我們也有一點了解的領域展現出色的能力。所以也許我們應該更重視智商測驗高分的人對「正確答案」的判斷。

7. 由於電腦演算法的重大進步，記憶體容量、計算能力大幅增加，以及能獲得龐大的資料，當代人工智慧得以執行需要大量記憶體的方式，而有了不起的發展。我相信這些發展將從根本上改變我們的生活，不過是透過協助、強化人類的思想，而不會取而代之。我認為，在數學許多領域，電腦是強大，有時甚至是不可或缺的工具，但幾乎沒有一個有趣的數學發現，是電腦自動計算出來的；從這點就可知一般。實際上，大多數數學仍然或多或少是用紙筆算出來的。目前為止，人類靈活的想像力仍然沒有計算機比得上。

8. Lakoff and Johnson, Metaphors We Live By; D. R. Hofstadter, *Fluid Concepts and Creative Analogies: Computer Models of the Fundamental Mechanisms of Thought* (New York: Basic Books, 1995).

國家圖書館出版品預行編目資料

思考不過是一場即興演出，用行爲心理學揭開深層心智的迷思
/尼克・查特（Nick Chater）著；徐嘉妍譯. -- 二版. -- 臺北市：
商周出版，城邦文化事業股份有限公司出版：英屬蓋曼群島商
家庭傳媒股份有限公司城邦分公司發行, 2024.05
面；　公分（科學新視野；147）
譯自：The Mind is Flat: The Illusion of Mental Depth and the
Improvised Mind
ISBN 978-626-390-087-5（平裝）

1.認知心理學 2.行爲心理學

176.3　　113003594

線上版讀者回函卡

思考不過是一場即興演出，用行為心理學揭開深層心智的迷思

原著書名 / The Mind is Flat: The Illusion of Mental Depth and the Improvised Mind
作　　者 / 尼克・查特（Nick Chater）
譯　　者 / 徐嘉妍
企畫選書 / 林宏濤
責任編輯 / 賴芊曄、楊如玉

版　　權 / 林易萱
行銷業務 / 賴正祐、林詩富、周丹蘋
總 編 輯 / 楊如玉
總 經 理 / 彭之琬
事業群總經理 / 黃淑貞
發 行 人 / 何飛鵬
法律顧問 / 元禾法律事務所 王子文律師
出　　版 / 商周出版
115台北市南港區昆陽街16號4樓
電話：(02) 25007008　傳眞：(02)25007579
E-mail：bwp.service@cite.com.tw
Blog：http://bwp25007008.pixnet.net/blog
發　　行 / 英屬蓋曼群島商家庭傳媒股份有限公司城邦分公司
115台北市南港區昆陽街16號8樓
書虫客服服務專線：(02)25007718；(02)25007719
服務時間：週一至週五上午09:30-12:00；下午13:30-17:00
24小時傳眞專線：(02)25001990；(02)25001991
劃撥帳號：19863813；戶名：書虫股份有限公司
讀者服務信箱：service@readingclub.com.tw
歡迎光臨城邦讀書花園　網址：www.cite.com.tw
香港發行所 / 城邦（香港）出版集團有限公司
香港九龍土瓜灣土瓜灣道86號順聯工業大廈6樓A室
E-mail：hkcite@biznetvigator.com
電話：(852) 25086231　傳眞：(852) 25789337
馬新發行所 / 城邦（馬新）出版集團【Cite (M) Sdn. Bhd.】
41, Jalan Radin Anum, Bandar Baru Sri Petaling,
57000 Kuala Lumpur, Malaysia.
Tel: (603) 90578822 Fax: (603) 90576622
Email: cite@cite.com.my

封面設計 / 周家瑤
排　　版 / 極翔企業有限公司
印　　刷 / 韋懋實業有限公司
經 銷 商 / 聯合發行股份有限公司
電話：(02)2917-8022　傳眞：(02)2911-0053
地址：新北市231新店區寶橋路235巷6弄6號2樓

■2024年5月二版
定價420元

Printed in Taiwan

城邦讀書花園
www.cite.com.tw

 ISBN 978-626-390-087-5